新疆农业大学农林经济管理学科

新疆维吾尔自治区中央引导地方科技发展资金项目
编号：ZYYD2023C01）
新疆农业科学院自主培育项目（项目编号：nkyzzkj-024）

农业组织化对
生产技术效率的影响研究
——以新疆棉花为例

齐莹莹◎著

RESEARCH ON THE IMPACT OF
AGRICULTURAL ORGANIZATION ON
PRODUCTION TECHNOLOGY EFFICIENCY:
A CASE STUDY OF XINJIANG COTTON

经济管理出版社
ECONOMY & MANAGEMENT PUBLISHING HOUSE

图书在版编目（CIP）数据

农业组织化对生产技术效率的影响研究：以新疆棉花为例/齐莹莹著 . —北京：经济管理出版社，2024. 2

ISBN 978-7-5096-9616-3

Ⅰ. ①农…　　Ⅱ. ①齐…　　Ⅲ. ①棉花—作物经济—规模化经营—研究—新疆　Ⅳ. ①F326. 12

中国国家版本馆 CIP 数据核字（2024）第 051734 号

组稿编辑：郭　飞
责任编辑：郭　飞
责任印制：黄章平
责任校对：蔡晓臻

出版发行：经济管理出版社
　　　　　（北京市海淀区北蜂窝 8 号中雅大厦 A 座 11 层　100038）
网　　址：www. E-mp. com. cn
电　　话：（010）51915602
印　　刷：唐山玺诚印务有限公司
经　　销：新华书店
开　　本：720mm×1000mm/16
印　　张：10. 75
字　　数：217 千字
版　　次：2024 年 2 月第 1 版　　2024 年 2 月第 1 次印刷
书　　号：ISBN 978-7-5096-9616-3
定　　价：88. 00 元

前　言

　　棉花是事关国计民生的重要战略物资。世界棉花看中国，中国棉花看新疆。新疆作为我国的重要棉花生产区，其棉花产业的发展对保障国家的棉花生产和推动棉纺业的发展至关重要。那么，在土地总供给不变的情况下，如何保障棉花的有效供给，最有效的办法就是提高棉花生产技术效率。根据农业技术进步理论，一种方式是创新棉花生产技术，通过技术进步带动技术效率的提高。另一种方式是在一定时间内，在现有生产技术不变的条件下提高规模效率，也即提高组织化程度是推动棉花生产技术效率提升的重要抓手。鉴于此，研究农业组织化对棉花生产技术效率的影响具有较强的现实意义和理论意义。

　　本书在对农业组织化、技术效率相关的学术论文、研究基础理论进行阅读、整理和分析的基础上，一方面通过构建超越对数生产函数模型测算了新疆19个棉花主产县市的棉花生产技术效率，另一方面采用熵权法对19个棉花主产县市的农业组织化水平进行综合评价，同时摸清新疆棉花生产技术效率和农业组织化水平的时空分布规律。利用规范分析、格兰杰因果检验、固定效应模型、IV-GMM模型弄清农业组织化对棉花生产技术效率的影响路径及机理。在此基础上，通过构建固定效应模型、面板向量自回归模型和空间杜宾模型检验农业组织化对棉花生产技术效率的影响效应，同时利用超效率的DEA-BCC模型对棉花技术效率进行重新测算后开展稳健性检验。通过以上研究论证发现：

　　第一，通过构建超越对数随机前沿生产函数，对新疆19个棉花主产县市的棉花生产技术效率进行测度发现，样本期内新疆棉花生产技术效率总体上在提高，年均提高0.83%。从南疆和北疆两个地区来看，北疆地区棉花生产平均技术效率比南疆地区稍高。在时空差异分析方面，区域内差异上，南疆地区棉花生产技术效率存在的不均衡现象最为突出，北疆地区次之；在区域间差异来源和贡献率研究方面，导致新疆棉花生产技术效率空间差异最主要原因是区域内差异，影响相对最小的是区域间差异；在收敛性分析方面，新疆棉花生产技术效率分布存在α收敛。通过传统β收敛分析发现，新疆各县市棉花生产技术效率具有"追赶效应"。通过条件 β 收敛分析发现，新疆整体、北疆地区以及南疆地区棉花生产技术效率都有自己的稳态水平，并且都最终会回归于这一水平；在空间 β 收敛方面，无论是空间绝对 β 收敛还是空间条件 β 收敛，新疆棉花生产技术效率分布都存在着空间 β 收敛现象。

第二，通过熵权法构建新疆棉花主产县市农业组织化评价指标体系，通过评价发现，农业组织化水平较高的县市是呼图壁县、博乐市、精河县、沙湾县，哈密市/伊州区、玛纳斯县、乌苏市、库尔勒市、尉犁县、温宿县、沙雅县组织化水平一般，库车县、阿瓦提县、英吉沙县、莎车县、麦盖提县、岳普湖县、伽师县、巴楚县样本期内组织化综合评分相对较低。从区域层面来看，北疆地区农业组织化水平相对比较高；在时空差异分析方面，区域内差异上，南疆地区组织化水平存在的不均衡现象最为突出，北疆地区次之。从贡献率大小来看，农业组织化水平的总体空间差异形成的最主要来源是区域间差异，其次是区域内差异，最后是超变密度；在收敛性分析方面，新疆棉花主产县市组织化水平分布存在 α 收敛。通过传统 β 收敛分析发现，新疆各县市农业组织化水平具有"追赶效应"；通过条件 β 收敛分析发现，新疆整体、北疆地区以及南疆地区农业组织化水平都有自己的稳态水平，并且都最终会回归于这一水平。在空间 β 收敛方面，无论是空间绝对 β 收敛还是空间条件 β 收敛，新疆农业组织化水平都存在着空间 β 收敛现象。

第三，通过理论分析和实证研究摸清了农业组织化对棉花生产技术效率影响的路径及机理。农业组织化通过发挥规模经营效应和提高技术应用效率来推动棉花生产技术效率的提高。从规模经营角度来看，内部主要通过降低物资的投入成本发挥规模效应，外部主要通过提升管理效率发挥规模效应。在技术应用方面，通过统一的技术转移使用和模仿他人的技术溢出效应，来提高棉花生产技术效率；在实证研究方面，通过格兰杰因果检验、相关性分析、固定效应模型以及 IV-GMM 模型，摸清了农业组织化、规模经营、技术应用效应和棉花生产技术效率之间的关系，验证了农业组织化通过发挥规模经营效应和技术应用效应如何推动棉花生产技术效率的提高。

第四，基于固定效应模型和面板自相量回归模型研究了农业组织化对棉花生产技术效率的直接影响分析。基于静态视角研究发现，农业组织化水平每提升 1%，棉花生产技术效率就会提升 0.032%。基于动态视角研究发现，长期来看，对于棉花生产技术效率的提高，其自身的贡献度是 96%，农业组织化对其贡献度为 4%。采用超效率 DEA-BCC 模型对棉花生产技术效率进行重新测算后做稳健性检验，发现无论是棉花生产综合效率还是纯技术效率，农业组织化水平对其都有着促进的作用。通过对南疆地区和北疆地区开展异质性分析发现，无论在南疆地区还是北疆地区，农业组织化水平对其棉花生产技术效率的影响作用都是正向的。

第五，基于空间杜宾效应模型研究了农业组织化对棉花生产技术效率直接影响的溢出效应。通过构建邻接权重矩阵、地理权重矩阵研究了棉花生产技术效率和农业组织化水平的空间自相关性，论证了农业组织化对棉花生产技术效率的空间溢出效应。通过研究发现：2009~2019年，在邻接、距离空间权重矩阵下，Moran's I 的值基本都为正，并且通过了显著性水平的检验。两种权重矩阵下，农业组织化水平对棉花生产技术效率的空间正向溢出效应比较明显。通过替换权重矩阵的测度方法，替换棉花生产技术效率的测度方法对以上结果进行稳健性检验，发现农业组织化对棉花生产技术效率的空间溢出效应处于稳定状态；通过对南疆地区和北疆地区开展异质性分析发现，农业组织化对棉花生产技术效率的空间溢出效应在南疆地区表现得更加明显。

目　录

第1章 绪论

1.1 研究背景与研究意义

1.1.1 研究背景

棉花不仅是一种重要的经济作物，而且是一种不可或缺的战略物资，它对维护国家财政状况、改善民生水平起到至关重要的作用。它不仅影响普通老百姓的日常收入，而且促进了全球经济的健康增长，为世界各地的贸易提供了支撑。从农业生产角度来看，棉花作为我国重要的经济作物，其地位仅次于粮食作物，是棉花种植户的主要经济收入来源，同时也是我国14亿人民生活之所需。在纺织行业，棉花被视为最重要、最基础的原材料，用它制作的棉布、棉纱以及各种服饰在国内外市场占据重要地位。棉花也是制造军用物资的主要原材料。当前，由于我国农业生产的物资成本上升，全球气候复杂多变，农作物耕地面积减少，以及农业科学技术水平等多种因素的影响，棉花的生产供应能力出现了问题，导致棉花市场上出现供不应求的现象，供需缺口越来越大。

2019年我国棉花进口量为184.9万吨，比2018年增长了约17.6%。棉花进口量不断增加，可见国内对棉花需求量不断攀升。另外，随着国际竞争压力的不断加大，以及国内肥料、农药等生产物资价格和劳动力价格的不断上升，也导致了我国棉花在国际市场上处于竞争弱势。因此，仅靠扩大种植面积或者增加物资的投入已经不能满足提高棉花产出的需求，而应通过科技创新的投入来不断提高棉花生产技术效率，不断推动棉花生产的高质量发展，从而提高棉花的产量，推动棉花生产的有效供给。在新时代背景下，如何提升棉花生产的技术效率成为推动棉花产业高质量发展的有效途径，同时，如何实现棉花生产过程中劳动力、技术、物资投入和管理体制政策等要素的优化配置，也成为推动棉花产业提档升级的重要方面。

新疆棉花种植面积居我国首位，棉花产业发展关系着新疆农业经济发展，同时也影响我国棉花种植及棉纺织业的发展方向。那么，在土地总供给不变的情况下，如何保障棉花的有效供给，最有效的办法就是提高棉花生产技术效率。根据农业技术进步理论，一种方式是创新棉花生产技术，通过技术进步拉动技术效率的提高。另一种方式是在一定时间内，现有生产技术不变的条件下，提高规模效率，也即提高组织化程度是推动棉花生产技术效率提升的重要抓手。鉴于此，研究农业组织化对棉花生产技术效率的影响具有较强的现实意义和理论意义。本书假设：农业组织化可以推动棉花生产技术效率的提高，并对棉花生产技术效率的提升存在空间溢出效应。因此，本书拟从农业组织化对新疆棉花生产技术效率的影响机理和空间影响效应进行全面研究和探索，为推动新疆棉花产业高质量发展提供理论借鉴。

1.1.2 研究意义

1.1.2.1 理论意义

第一，在组织化、规模化理论的基础上，将技术进步理论、技术效率理论应用到农业组织化对棉花生产技术效率的影响机理研究中去，厘清了农业组织化对棉花生产技术效率的影响渠道。

第二，在组织化理论的基础上，应用熵权法结合面板数据的可获得性和合理性，构建了农业组织化水平评价指标体系，对探索构建更加全面的农业生产经营组织化水平评价指标体系奠定理论基础。

第三，在技术扩散理论的基础上，将空间效应理论应用到农业组织化对新疆棉花生产技术效率影响效应的研究中，为从农业组织化视角提升新疆棉花生产技术效率提供了支撑。

1.1.2.2 现实意义

第一，为当前政府面对"粮棉争地"困境下科学精准施政提供科学依据。对新疆棉花生产技术效率评价及时空差异进行分析，摸清当前不同棉花主产区棉花技术效率水平以及空间分布状况，对政府实施棉花相关政策具有很强的现实指导意义。

第二，为科学合理提升棉花生产技术效率提供方法指导。农业组织化对棉花生产技术效率影响机理的研究，对推动提升棉花生产技术效率具有很强的现实意义。

1.2 国内外文献研究

1.2.1 技术效率相关研究

通过阅读梳理现有文献发现，现有文献中对技术效率测度的主要方法有两种：一种是基于参数的随机前沿生产函数方法，简称 SFA；另一种是基于非参数的数据包络法，简称 DEA。下面就两种评价测度方法分别进行介绍。

1.2.1.1 参数的随机前沿生产函数方法

SFA 是一种用来衡量技术效率的先进参数前瞻性分析方法，最早可以追溯到 1977 年。Aigner 等（1977）、Meensen 和 Van（1977）共同发明了这种新的研究工具。最原始的研究是基于横截面数据来展开的，后来经学者们的拓展、试验和应用，慢慢发现也可以在更大范围内进行应用。Nishimizu 和 Page（1982）在 Aigner 等、Meensen 等的研究基础上，对随机前沿分析方法做了进一步的改动和完善，他们推理出，全要素生产率可以分解为两个部分，即表示技术变化的技术进步率和技术应用效率变化的技术效率。Battese 和 Coelli（1995）、Kumbhakar 等（1991）在以上研究基础上，引入面板数据对随机前沿生产函数的应用范围进行扩展并取得了成功，使得随机前沿生产函数的应用范围不再仅限于横截面数据。Huang（1997）、Tian 和 Wan（2000）分别利用农户调研数据和我国农业生产成本收益调查数据，分粮食种类建立了随机前沿生产函数来测算我国粮食生产技术效率水平及其影响因素。Anmad 等（2002）通过搜集巴基斯坦一些农场在小麦生产中的投入产出以及影响因素的相关数据，运用随机前沿函数模型，计算出了农场的小麦生产技术效率，同时也对其影响因素展开了分析。Chen 等（2003）运用随机前沿函数模型，通过搜集我国农户谷物的生产成本投入、产出以及影响因素等相关数据，对其生产技术效率进行测度和分析发现，若两个农户经营规模水平相当，他们的生产技术效率水平也不会有太大的差异，并且他们的生产技术效率也不会随时间推移发生较大的变化。另外，若两户农户经营规模水平相当，他们的生产技术效率水平也不会因为地域不同而出现大的不同。Renato 和 Euan（2006）运用随机前沿生产函数模型，通过搜集菲律宾农场的生产成本投入、产出以及影响因素等相关数据，对其生产技术效率进行计算，计算得出的结论与前几位学者的结论大致相同。赵红雷和贾金荣（2011）通过搜集全国 2011 年玉米生产过程中投入、产出等横截面数据，运用随机前沿生产函数模型进行计算，得出全国玉米生产技术效率值并进行了分析。Zamnian 等（2013）通过数据包络分析、SFA 分析以及其他相关研究，对中东及北非国家的农业发展情况进行了深入的研究，以评估其 2007~2008 年的技术效能。周曙东等（2013）通过搜集 19 个省份的花生种植户关于花生种植的投入、产出等横截面数据，运用随机前沿生产函数模型，对花生种植户的技术效率进行了评估。苗珊珊（2014）通过搜集 2000~2011 年我国小麦生产过程中成本投入、产出等面板数据，运用随机前沿生产函数模型进行计算分析，得出小麦生产技术效率观测期内出现了逐年增加的趋势。孙昊（2014）通过应用随机前沿生产函数模式，研究 2001~2010 年 15 个省份的面板数据分析，深入探究了全国各个农业大县的小麦种植技术效率及其相关的发展趋势，发现了不同农业大县之间的显著差距。李博伟等（2016）利用随机前沿函数对三组不同规模的种植者的技能提升情况进行了评估。杨万江和李琪（2016）以个人稻田为例，利用实地考察的方式，对其中的各项指标，如水稻的品质、资源的利用、收益的分配以及可能对其有所影响的其他外在因素，都做出了深入的分析。Zhou 等（2015）、Dulm 等（2016）通过使用更灵活的超对数生产函数，以更准确的方法评价和预测了技术的性能。

田伟等（2010）利用先进的随机前沿生产函数模型，收集了中国 13 个重要的棉花产地的信息，以评估它们的棉花生产的技术效率。研究发现，中国的棉花生产技术取得了显著的发展，而不同地方的发展水平也有所不同。通过应用 SFA，祝宏辉和耿蕾（2015）对兵团棉田的生产技术进行了深入的研究，以提高其效率。徐榕阳和马琼（2017）运用随机前沿生产函数模型，采取调查问卷形式，对 310 户棉农的棉花生产投入产出情况进行搜集整理，测算出了新疆棉农的棉花生产技术效率。研究发现，新疆棉农的棉花生产技术效率存在显著差异，其中最高的技术效率为（0.9721），而最低的技术效率为（0.1571）。黄璐（2017）基于超越对数生产函数模型，通过发放调查问卷形式获取了棉农在棉花生产过程中的生产投入和产出数据，并在此基础上对棉花生产技术效率进行了计算。结果发现，新疆不同棉花种植户之间生产技术效率有较大的差别，其棉花生产技术效率达到了 0.8 以上，同时还发现，新疆棉花种植户的生产技术效率具有很大的提升空间和发展可能性。

1.2.1.2 非参数的测定方法

Charnes 等（1978）提出的数据包络分析（DEA）法可以有效地评估技术的性能，而且它既可以避免使用预设的函数模型，也可以避免对样本的分布进行预设。Nasierowski 和 Arcelus（2003）搜集对比 45 个国家的技术研发投入、产出等数据，运用了非参数数据包络研究方法，计算出了它们的技术研发和转化的效率。通过测算发现，对技术创新效率影响比较大的因素主要有：国家对研发资源的优化配置和国家投入研发活动的规模大小。Cullmann 等（2012）基于 1995～2004 年的数据，以经济合作与发展组织成员国家知识生产为研究对象，计算了其技术效率。通过计算结果发现，经济合作与发展组织成员国家为了降低进入的门槛，降低了对资源的有效优化配置要求，这也是这些国家研发效率提高较慢的主要障碍因素。Barros 和 Athanassiou（2015）利用 DEA 对希腊和葡萄牙两个国家的港口效率进行了测算和比较。刘念等（2017）通过搜集 2002～2013 年全国玉米的相关成本投入和产出数据，利用 DEA-Malmquist 模型方法，对其全要素生产率进行了计算。徐治欠（2018）在对广东省政府在经济发展方面和公共服务方面的绩效进行评估时，利用了 DEA-BCC 模型、DEA-Malmquist 指数模型、超效率 DEA 模型。孟祥海等（2019）基于种养结合视角，运用 Super-SBM 模型和 Malmquist-Luenberger 生产率指标，测算了 1997～2016 年我国 29 个省份的农业环境技术效率和绿色全要素生产率增长情况，同时对影响农业环境技术效率的因素进行了研究，以及对绿色全要素生产率开展了进一步的分解研究。

在棉花技术效率的测算上，刘锐等（2010）对 1978 年之后我国棉花生产成本投入和产出数据进行搜集整理，通过 Malmquist 指数法，研究推算出了棉花生产的技术效率和技术进步率，并通过比较两者的大小发现，技术进步是提高棉花生产效率的主要原因。续竞秦和杨永恒（2012）通过运用 Bootstrap-DEA 方法，研究我国棉花的技术效率区域性差异，结果发现区域差异和时序波动特征明显，长江流域棉区技术效率最低且波动最剧烈，其次是黄河流域棉区，西北棉区技术效率最高且波动最小。石晶和李林（2013）通过搜集我国 11 个棉花生产主要省份连续 10 年的投入、产出和影响因素等数据，运用数据包络模型计算棉花生产技术效率，在此基础之上，运用 Tobit 对影响因素展开分析。研究发现，在样本观测期内，棉花生产技术效率出现了"降低—升高—降低"的变化趋势。同时还发现，西北棉花种植区域棉花生产效率最高，高于长江流域棉花种植区和黄河流域棉花种植区。王力和周亚娟（2017）使用 2004～2013 年的棉花成本数据，并使用了 DEA 模型的 Malmquist 生产率指数法评估中国 11 个主要棉田的整体生产能力。研究发现，在这一时期，中国的整体生产能力平均提高了 0.7%，技术效率下降了 0.4%，但是整体的技术进步效率却提高了 1.1%。

1.2.2　农业组织化相关研究

1.2.2.1　农业生产组织方面

Parsons（1960）在研究中阐述，在一些国家特别是 1945 年之后，家庭农场是当时农业生产组织的最主要表现方式，在这种以家庭农场经营为主的农业生产过程中，农业科学研究技术对农业生产经营的季节更替以及区域空间差异性并没有太大的影响。Allen 和 Lueck（1998）通过研究得出，由于农业生产会随季节变化而发生变化，同时也具有偶然性，正是农业的这两种特性，使得以家庭为单元的农业生产成为其主要的生产经营方式。在此基础之上，两位学者又通过模型构建和检验验证了以上研究结论。Kimball 和 Miles（1988）在研究中阐述，农业专业合作组织能够为加入合作组织农户提供抵御风险的保障，因为农户个体自己进入市场并在市场上运行的能力有限，农户个体不仅抵御生产和市场上不确定问题的能力弱，对外来生产的风险以及对复杂多变的社会经济环境带来风险的抵御能力都比较弱，而通过加入农业专业合作社，形成集体的力量，通过专业管理，各方面能力都能够得到保护和提升。Kym 和 Yujiro（1986）认为当前单个农业生产种植户的土地经营规模很小，给农业生产效率的提高和农产品商业化的发展带来了困难，目前这种现象在很多东亚国家都存在。传统"一家一户"的小规模的生产经营，给农业机械化水平的提升也带来了阻碍，加之现有从事农业生产的劳动力较多，使用人工的成本比使用机械的成本低得多，使得农业从传统农业向规模化的现代化农业发展变得困难重重。新型农业生产组织，像合作社、涉农企业、农业协会，它们能够从优化要素配置、抵御外界环境变化、节约交易费用等方面推动农业生产方式的转变。它能够改变小规模农业生产经营所带来的像生产要素利用效率不高、生产交易难、成本高、生产投入高等难题，同时也能够解决新的科学技术、新品种的推广难、实施不畅等问题。另外，农业生产组织的存在，也能够为社会化服务的产生奠定了基础（万梅，2016）。道格拉斯·诺斯和罗伯斯·托马斯（2009）认为，若想现代农业进程能够又好又快地发展，一方面需要对生产力相关方面进行改进和推动，另一方面也需要在管理层面进行改革与创新。高效率的生产经营组织就是推动现代农业经济快速发展的基石。温琦（2009a）认为农业生产组织是一种科学化、合理化、系统化的组织，具有一定的目标，一定的经济属性，发挥着资源优化配置的高效性。李英和张越杰（2013）通过在吉林省调研、座谈等方式获取数据，通过研究验证发现，农业生产组织这一形式不仅可以促进农业的安全生产，而且使其生产水平得到有效提高。Marrero 等（2014）通过研究发现，农业生产组织的存在不仅能够推动农业生产向规模化、现代化发展，而且能够通过组织涉农企业联合开展生产活动，根据市场需求开展生产，从而促进农业生产种植户的收入增加。郑思宁等（2016）认为农业生产组织在农业生产中发挥着重要的作用，它不仅能够使农业生产的各类生产要素得以高效配置，而且能够不断促进农业生产水平的提升。不仅能够促进和完善农业市场的结构，而且能够促进农业生产技术效率的不断提高。刘亚航（2021）通过研究发现，生产组织的方式有很多种，根据不同生产产业链上主体的不同结合方式而有所不同,从而形成不同的生产组织模式。当前对农业生产组织的划分,新的时代具有新的定义,不同研究者有着不同的分类方式。一部分研究者将其分为种养大户、家庭农场、合作社和农业企业;另一部分学者将其分为专业大户、家庭农场、专业化生产服务组织和农业企业;还有一部分学者认为专业大户、合作社以及涉农企业是以后农业生产组织发展的主要形式(张照新和赵海,2013;楼栋和孔祥智,2013;黄祖辉,2010)。

1.2.2.2 农业组织化方面

农业组织化的概念第一次提出是在党的第十八次代表大会上,同时大会也强调,要培育新型的农业经营主体,发展形式多样的农业规模经营,最终构建出集专业、组织、集约等多种功能为一体的现代化的新型农业经营体系。在 2016 年中央一号文件中强调,现代农业生产中要不断改革土地流转以及农业规模化生产的方式方法,要注重以农户家庭生产为前提,为新型经营主体的培育提供更优良的软环境。2019 年中央一号文件指出,家庭农场和农民合作社作为当今农业的重要组成部分,必须加大投入,积极推进其发展,并且给予其充分的支持,以便其获得充分的发展空间。通过国家政策制度的变化我们可以看到,国家对农业组织化和现代化农业经营主体的重视程度越来越大(林宣佐,2020)。

农业组织化是农业组织结构的现代化,是一个组织从最原始的相对粗放、建设水平低、经营规模小逐步向更高水平、更精细化、更大规模发展演变的过程。农业组织化是农业经营主体改造升级的一个过程,它是市场经济体制变革的产物,可以帮助从事农业的人员争取更多的经济效益,同时也是农业产业化发展的产物,是在家庭联产承包责任制的背景下实施发展的。它的最终目标是要通过减少农业生产成本,实现经济社会资源的配置达到帕累托最优的状态,最终使得新时代的经营主体通过农业生产的组织化达到竞争能力不断增强、经济效益不断提高的目的(温琦,2009a)。

石洁(2013)总结论述了美国、荷兰、中国台湾等地农业组织化的发展形式和过程。在美国,家庭农场是美国农业生产主要的经营主体形式。家庭农场具有很多良好的特征,它具有集约性、商品性以及区域性等特征。随着农业生产的发展,家庭农场的生产规模会越来越大,单个的农场发展已经满足不了农业全产业链发展的步伐,这就给农业生产的相关物资生产公司、服务组织带来了机会,也给农业产业化的发展带来了契机。当前,比较典型的农业组织化模式主要是农工商综合体和美国合作社两种模式。在荷兰,合作社作为农业组织化程度较高的代表,它可以囊括农业生产物资的供应、金融保险、社会化服务等农业产业链的每个环节,从而通过规模优势,组成完善的农业专业合作社体系。在 20 世纪 50 年代,农业专业合作社发展相对缓慢。直到 20 世纪 70 年代,随着农业生产的改革、科学技术水平的发展以及农业生产规模化发展的要求，荷兰的农场规模化、集约化水平不断发展，但由于农户生产农产品的相似性，生产相似农产品的农户就组织联合在一起，合作社就随即产生，使其成为农业生产发展的重要组成部分。合作社根据农业产业链的各个环节的不同，可以分为专门负责购买农业生产资料的、专门负责对农产品进行加工的、专门负责对农产品进行销售的、专门从事生产性服务的合作社以及专门负责对接银行开展信贷支持的合作社。在荷兰，合作社具有相对完善的生产组织架构，各项体制、机制等管理服务水平比较规范，对荷兰农业发展起着良好的推动作用。目前，合作社与农户联合生产是荷兰农业组织化的主要形式。20世纪80年代，在中国台湾，农会是农业产业发展的最主要主体，其主要目的就是使农民的权益得到捍卫、农民的收入得以增加、生活水平得以改善，它兼具经济和社会多重性质。农会的形成既代表着农业组织化程度，也是农业组织化进程的重要推动力。而合作社作为一种新型经营主体，也是中国台湾地区农业组织化的又一表现。Michael（1995）认为，一直以来，合作社都以为农户提供就业、增加农民收入以及促进社会经济发展为目标，其创建伊始的目标也是为农户提供更多的就业机会和就业岗位。同时，合作社通过对社员的统一组织和管理，还能够为应对突如其来的市场风险和社会风险提供保障，增强农户个体抵御风险的能力。合作社还能够为社员个体的发展和社会性的发展提供更多的可能性。合作社主要负责人在发展合作社时应当以追求净利润作为合作社发展的一个重要目标。Boehlj（1996）认为，合作社能够为人们创造更多就业、致富的可能性，也为人们能够自由创业提供更多的机会，同时也在推动社会的一体化发展中起着重要的作用。

对农业组织化程度的衡量，不同的学者有不同的界定方法，温琦（2009a）认为，这一程度是指在农户中专门从事商品性生产的农户和兼职从事农业生产的农户加入农业合作社的比例，或者是通过合作组织销售农产品的价值占总销售农产品的价值之比。吴琦（2012）从政治、经济、文化层面找出代表农民组织化程度的衡量指标，并对其进行测算和分析。魏洪秀（2012）从参与组织活动的角度、成员对组织的评价两个方面展开评价，主要包括成员参与活动的频次、取得的效果、成员对组织的满意情况、组织对成员利益的争取和维护、对组织的信任等多个评价指标对农户的组织化展开评价。王勇（2012）以农民专业合作社为研究对象，通过设置四个方面二级指标、33个三级指标对农民专业合作社组织化程度进行了评价，其评价方法具有很强的可实施性，也比较贴合实际情况。石洁（2013）通过调查搜集安徽省宿松县农民专业合作社相关数据，通过层次分析的方法构建了评价指标体系，其评价指标主要包括两个层面，一个层面主要包括产业化的基础、产业化的规模、产业化发展取得的成效以及科技的要素等5个方面；另一层面主要包括人均播种面积、养殖业产业比例、农户带动比率、龙头企业平均销售额、非合作社成员比例等 17 个指标。张广荣和郭洪生（2013）在河北通过对农户实地调查获取相关数据，对农民专业合作社的组织化程度做定性与定量相结合的分析，同时找出制约农民专业合作社发展的限制性因素，像组织主体缺乏、农民自身的限制性因素以及政府支持力度不够。李博文（2014）认为，农业组织化程度的状况不仅对农民息息相关的利益产生影响，而且对现代化农业经济的发展也起着推动作用，同时在市场大环境下对农民所处的境地也至关重要。徐涛等（2016）认为，根据现有农户的组织化情况，以及农户与其他经营主体之间的关系，将其组织化情况分成了四类，他认为农户直接进入市场这种形式是最低级的组织化，而农户参与农业专业合作社这种形式是现有最高级的组织化情况。同时他还发现，农户经营规模与生产技术效率呈正相关关系。崔宝玉和王纯慧（2017）认为，农业专业合作社的存在，不仅可以将分散的农户有效地组织起来，而且可以提高农户进入市场的能力。王海南等（2018）研究指出，农业专业合作社的发展与"三农"的发展紧密相连。农民专业合作社的良好发展，可以有效地推动乡村振兴的实施发展。同时，他也提出，提高农民组织化程度，其关键有效的途径就是让农民加入合作社，让合作社为农民农业的发展保驾护航。章磷等（2018）研究指出，农户采用社会化服务的类型越多，其农业组织化的程度就越高，农民专业化的程度也越高。他认为，组织化就是新型农业经营主体为将农户有效地组织起来，通过统一购买生产资料、统一生产、统一销售等形式，使得各类资源得以有效配置，农户生产专业化水平也得以改进。周陶等（2019）指出，当前阻碍农民组织化程度提升的最主要原因就是城市化进程太慢。他们认为农户的组织化就是政治的组织化、经济的组织化和文化的组织化三者皆有的组织化，只有三者程度都提高了，农户的组织化程度才能提高。他们还将经济合作组织、文化合作组织、政权性组织作为当前农民组织化形式的主要分类。纪咏梅（2017）、李敏等（2019）提出，农业生产主体组织化的最主要形式和表现方式就是参加农民专业合作社，他们也借助农民专业合作社为支撑，来研究农民组织化的情况。

1.2.3　空间差异性相关研究

1.2.3.1　单一指标的空间差异相关研究

Dagum（1997）研究并定义了 Dagum 基尼系数，基尼系数能够相对更加有效地衡量区域差异性，同时也能有效地解决样本数据之间交叉重叠的相关问题，还能够揭示区域差异的主要根源。高鸣和宋洪远（2014）基于我国粮食生产技术效率研究，发现粮食生产功能区是粮食生产技术效率存在显著差异的地区，差异最突出的表现在粮食主销区之内。韦开蕾（2015）以全国以及东部、中部和西部地区为研究对象，通过随机前沿生产函数模型方法计算其技术效率发现，在我国用于农业产业的外商直接投资以及外商投资的技术外溢效应具有显著的区域差异。郝晓燕等（2016）测算了我国小麦的技术效率，同时分析了地区差异。刘念等（2017）认为在空间维度省际变化方面，不同省份的玉米及其他农作物生产技术效率同样存在着差异。辛冲冲和陈志勇（2019）在所构建基本公共服务供给指标体系的基础上，运用熵权法衡量"基本公共服务提供的综合指数"来表征基本公共服务的供给水平，随后采用了方法、Dagum 基尼系数方法来研究其分布动态及地区差异。李航飞（2020）运用数据包络研究方法分析测算了全国农业生产的效率，同时在此基础上论述了其空间集聚特征。王萍萍等（2020）以我国粮食作物化肥施用情况为研究对象测度了技术效率。利用空间莫兰指数对空间依赖性进行了分析，并且利用三种收敛模型研究了收敛性。陶长琪和徐茉（2021）在熵权TOPSIS 的基础上，测度了经济优质发展视阈中创新要素的配置程度。从时间维度来看，中部、西部和东部地区创新要素综合系统配置程度的差异正在逐渐减小，但东部和中部地区、西部地区和全国内部各省份之间创新要素综合系统配置程度差异逐年加大。吕江林等（2021）以 2014~2018 年省级面板数据为研究对象，利用 Dagum 基尼系数，对数字普惠金融和实体经济协同发展在我国宏观经济中的作用进行了实证。王晶晶等（2021）利用 Dagum 基尼系数和分解法，考察了我国技术进步取向区域差异及根源。王婧和杜广杰（2021）利用 Dagum 基尼系数、分布动态分析、空间马尔科夫链和其他方法对我国城市绿色创新水平空间差异与分布动态进行了实证检验。崔蓉和李国锋（2021）通过构造二阶段熵值法拟合互联网发展水平指数，并利用 Dagum 基尼系数和方法考察其空间格局。马玉林和马运鹏（2021）利用基尼系数方法、核密度估算方法，对科技资源配置效率分布动态以及区域差异进行了深入、全面的分析。张龙耀和邢朝辉（2021）利用 Dagum 基尼系数对农村数字普惠金融发展分布动态和地区差异进行了探讨。刘亦文等（2021）运用空间计量模型对农业绿色全要素生产率空间敛散性进行了检验。曹萍萍等（2022）运用 Dagum 基尼系数法，揭示了数字经济发展动态演进过程及区域差异。陈子曦等（2022）基于面板数据，利用 Dagum 基尼系数，找出了成渝地区双城经济圈优质发展区域差异根源。选取 SDM 双固定空间效用模型，对经济圈高质量发展时空收敛性进行考察。

1.2.3.2 单一指标收敛性相关研究

（1）传统收敛。

张甜甜（2021）以为收敛性分析应用最多的 3 种收敛性分析方法为 α 收敛、条件 β 收敛与绝对 β 收敛。α 收敛常用的是经济指标标准差、变异系数和其他时间趋势进行度量。条件 β 收敛是各地经济增长速度与水平最终会趋向稳定。绝对 β 收敛要求在一定时期内所有地区之间不存在明显差异时才能实现。条件 β 收敛充分考虑到各地之间存在着差异或不一致的因素，每个区域的经济增长都会趋向于自己的稳态。续竞秦和杨永恒（2012）对我国棉花主产区生产技术效率进行测度，依次对时间、地区差异和收敛性进行了分析。刘天军等（2012）比较分析了主产省苹果生产技术效率，还讨论了苹果生产技术效率收敛性问题。马林静等（2015）对我国粮食生产技术效率开展了测算并分解，考察了全国和各个地区粮食生产技术效率收敛性。孔祥智等（2016）对设施西红柿生产技术效率进行测度后，对其生产技术效率的收敛性展开了分析。张婷（2016）在采用传统事前划分区域的收敛分析方法基础上，还应用了时间序列法，将以前研究方法不足引起部分省份跨区域收敛的现象排除在外。研究结论显示，全国以及东部、中部、西部地区只存在条件收敛的现象。李涛（2018）通过构建实证模型，以我国 14 个油菜主产区为研究对象，搜集 1978～2016 年油菜的种植面积、种植油菜的用工情况、亩产量、农业受灾面积等相关数据进行测算，获得了我国油菜主产区技术效率值。同时在此基础之上，为了更进一步阐明油菜主产区之间在空间上的区域差异，分析了 4 个主要产区的收敛性。于善波和张军涛（2021）通过构建 SBM - GML 模型，对其绿色全要素生产率进行了测度，同时还分析了收敛性。王凯等（2022）以非期望产出为基础，通过构建全域 Malmquist - Luenberger 指数与收敛性相结合的 Super-EBM 模型，从静态与动态两个方面测度了 2005～2019 年我国旅游业的 TE 与旅游绿色生产率，并对它的收敛性开展了研究。

　　（2）空间收敛。

　　肖磊等（2018）基于服务业的发展指数模型和空间计量模型，以我国 30 个省份的服务业发展情况为研究对象，通过搜集 2006～2016 年的面板数据，对服务业的收敛性进行检验。同时，采用了 SAR 模型和 SEM 模型，在收敛性中考虑了空间因素。刘明和范博凯（2019）在"丝绸之路经济带"的发展背景下，采用空间统计分析相关研究方法，对西北地区各省份经济发展存在空间上的差异性进行了研究。王许亮和徐寒（2020）以我国 30 个省份的服务业为研究对象，对绿色 TFP 进行了测算，并对它的空间收敛性进行了研究。吕岩威等（2020）以我国 30 个省份绿色创新相关情况为研究对象，基于 2006～2016 年的面板数据，通过构建 SBM-DEA 模型测度我国省级绿色创新效率，并且建立了空间计量模型，研究了它们的时空跃迁特征和收敛性。李颖（2021）以我国中部地区 6 个省份的农业为研究对象，通过搜集 2008～2018 年相关面板数据进行实证研究，衡量农业碳生产率。同时还分析了它们的变化规律和空间收敛性。郭海红和刘新民（2021）利用全局 GML 指数对农业绿色全要素生产率的增长率进行了测度，并利用收敛性分析和动态空间收敛考察它的时空收敛性。

1.2.4　组织化对技术效率的影响研究

1.2.4.1　组织化对技术效率的影响

根据郭红东和楼栋（2009）的研究结果，物质资本投入是影响合作社技术效率水平的主要因素，而组织资本的投资则位居第二，但是，人力资本的影响作用尚未得到充分的认识。管曦和谢向英（2013）通过搜集整理不同区域产业发展的相关调研数据，并在此基础上开展了实证分析发现，在参加合作社的统一组织生产经营后，可以较大幅度地提高农民的生产技术效率。黄祖辉（2013）通过对合作社内部组织架构和外部生产环境条件的分析，指明合作社的生产规模、投入的人力资本以及所在区域的经济发展水平这些因素与生产技术效率呈正向的相关关系。潘友仙等（2016）通过构建测度产业组织化水平的评价指标体系，以海南芒果产业发展情况为研究对象，通过实地调研获取相关数据，采用一元回归分析和多元回归分析两种方法，考察了产业组织化程度在多大程度上影响了农业技术推广的效率。通过研究发现，产业组织化程度的提高会显著推动农业技术推广效率的不断提升。同时还发现，产业组织化程度在较小的范围内影响了农业技术推广的效率，但是，培训人数、农户咨询的技术类别的数量在很大程度上对农业技术推广效率产生影响。吴比等（2016）通过调查问卷收集到来自11个省份的1022个农民的信息，并以他们与合作伙伴的关系为研究视角，运用Biprobit模型，深入探讨了农民组织化如何推动农业科学技术的传播。根据最新的调查结果，不管是通过参与专业合作社，还是和领先的企业进行联盟，农民的参与和行动都能够促进农业科学的传播。"科技特派员"等政府机构的政策也能够在一定程度上促进科学的传播，然而，这种影响要远远低于个人参与的影响。黄祖辉和朋文欢（2016）认为合作社运作规范化，其服务功能的增强，能够提升农民生产技术效率。

1.2.4.2　组织化对技术效率的对比研究

（1）是否加入生产组织的对比研究。

王太祥和周应恒（2012）以河北、新疆梨种植农户为研究对象，对其生产过程中的相关数据进行调查搜集，比较分析了"合作社+农户"和市场交易这两种生产组织形式下农户的生产技术效率，同时也对技术效率产生影响的外界因素进行了研究。通过实证检验发现，相对于市场交易模式而言，参加"合作社+农户"方式的农民能够获得更高的生产技术效率。张晓山（2013）指出，通过建立一个由专业人士组成的联盟，可以有效地实现内部一体化，来降低外部不可预测的风险，降低由此产生的交易成本，从而推动农业的发展，并且有助于提高整个行业的运行效率。管曦和谢向英（2013）采用了 DEA 的分析研究方法，通过搜集福建省部分茶叶合作社与非合作社中全部社员的茶叶生产相关数据，同时对将茶叶合作社与非合作社中的生产效率以及资源配置等方面的情况做比较分析。研究发现，合作社具有较高的产出水平和资源利用效率，统一的生产经营能够使入社社员的潜在生产技术效率比未入社社员高 2.33%。在劳动力、资本、全要素配置效率等方面，合作社社员均显著高于未入社社员。所以农民专业合作社的存在，既可以促进农民收入增加的同时，它还是促进农民提高生产效率最重要的路径。Abate 等（2014）利用埃塞俄比亚的住户调查数据，评估了农业合作社对小农技术效率的影响。通过使用倾向得分匹配来比较合作成员农民和类似独立农民之间技术效率的平均差异。结果表明，农业合作社能够有效地提供支持服务，显著提高成员的技术效率。张琛等（2017）搜集整理全国农村固定观察点 2009 ~ 2013 年基于农户的微观数据，通过建构静态与动态两种情形农户家庭生产行为在内的理论模型，通过随机前沿生产函数测算分析，以农户是否获得合作社所给的分红作为标准，来界定农户是否加入合作社。通过实证分析检验发现，农民参加农民合作社进行有组织、有规划的农业生产对推动农民家庭粮食生产率提高起着重要的作用。张德元和宫天辰（2018）通过共同前沿分析的研究方式，在考虑了合作社成员异质性背景的前提下，在一种新型农业经营模式——家庭农场和合作社的耦合生产模式下，对粮食生产技术效率开展了论证分析。研究发现，随着家庭农场主的年龄增长，在受教育年限越来越长、贷款越来越困难的情形下，家庭农场粮食生产技术效率却能够不断地提升。Dong 等（2019）以我国种植温室蔬菜的农户为研究对象，研究结合倾向得分匹配和样本选择的随机生产前沿分析来估计温室蔬菜生产者参与农民专业合作社对技术效率和收入的影响。结果表明，与非参与者相比，农民专业合作社帮助参与者提高了规模回报和土地、劳动力的边际回报，提高了技术效率，每个温室获得的收入增加了 4460 日元。我国的小规模农业生产者在提高生产力和效率方面面临许多挑战。近年来，我国政府支持农民专业合作社将小农场与食品供应链的上下游环节联系起来。郭熙保和吴方（2022）采取实地调研的方式，以 798 户家庭农场种植户为研究对象，通过随机前沿分析模型对家庭农场生产技术效率进行了衡量。通过应用 PSM 算法，研究表明，当一户家庭农场种植户加入联合社时，其产量技术效率的平均水平有所改善，而且这种改善还可以通过消除样本的选取偏差来实现。因此，可以肯定的是，通过引入合作社，可以有效地促进家庭农场生产技术效率的持续改善。

（2）不同组织化模式之间的对比研究。

黎莉莉（2017）选取重庆一些合作社为研究对象，并对其技术效率进行了测度得出结论，合作社的规模、合作社成员的人力资本对技术效率具有积极的促进作用。江元和田军华（2018）通过提高家庭农场、合作社的相关运行效率，提出了家庭农场在今后有可能成为一种普遍存在的组织形式，合作社将更多地表现为社会化服务。陈超等（2018）利用大量的统计学和实证分析，证实了采用有序的农业经营管理体系，可以有效地优化资源的分布，进而大幅度地提升桃农的技术水平。把李霖等（2019）的研究结果与完整的市场交易方法进行对比，一些横向合作模式和完整的合作模式都可以明显地提高农民的种植和收获的技术水平，然而，与其他方法相比，纵向合作模式的影响力却没那么明显。刘森挥等（2019）将组织化视为实现小农户和现代农业高效对接的重要方式，并从理论层面探讨了组织化对农户技术效率的作用机理。经过系统的研究，我们可以清楚地看到，与没有采用任何组织结构的情况相比，采用合作社结构的情况更有利，其中，合作社型结构的优势尤为突出。刘亚航（2021）的研究发现，陕西省西安市阎良区的甜瓜种植业户会根据自己的需求，选择不同的生产组织模式。他发现，"农户+合作社"的农民的农业技术效率较高，"农户+企业"的农民的农业技术效率较低，"农户+市场"的农民的农业技术效率较低。

1.2.4.3 空间溢出效应研究

Scherer（1982）得出了技术进步或者技术效率在不同产业和区域间存在空间溢出效应。Ying（2000）提出，我国地区之间相关的溢出效应是内核地区向外围地区空间外溢的现象。Kaivan（2004）以印度粮食生产为研究对象，对技术在其中的应用与扩散情况进行了分析。技术扩散时，相邻区域的经济绩效具有较高的自相关性，使得技术扩散受到空间距离及资源禀赋条件等因素的影响。围绕技术效率溢出强的省份向四周扩散，技术效率值不断降低，产生"涟漪效应"。Lesage和Pace（2010）使用偏微分分解经济增长就业的溢出效应，把总溢出效应分解为区域内部溢出效应和区际外部溢出效应。潘文卿（2012）进一步提出，从空间计量的角度来看，可以分析两种不同的空间效果：一种是空间依存性，另一种则是空间差异性。王元地等（2013）以地方政府的科技投入为研究对象，对其效率进行了测度，同时对纳入空间计量模型进行了分析。通过分析表明，科技投入效率具有空间外溢效应，也就是说地区之间在科技投入效率提高方面出现了"邻里模仿"的情况。Watson和Deller（2017）通过搜集美国县市相关面板数据，通过构建回归模型，检验地区经济多样性与失业水平两者的相关关系和溢出效应。马剑锋等（2018）以长江经济带11个省份的农业用水情况为研究对象，运用全局数据包络分析方法，测算了其全局技术效率，并利用莫兰指数及空间计量模型对农业用水效率空间上的关联度及空间效应进行了分析。结果表明，长江经济带各省份之间农业用水全局技术效率具有比较明显的空间溢出效应。刘蒙罢等（2019）通过构建超越对数生产函数模型，对其生产技术效率进行计算，并在空间自相关模型的基础上对其空间格局进行了分析。同时利用 SLM 模型与 SEM 模型，计量分析了农户水稻生产技术效率影响因素。蔡海亚等（2021）选取了我国省际产业对空间效应进行分析。陈瑶和陈湘满（2021）基于城镇化的视角，考察了房价、房价收入比在人口城镇化、经济城镇化、土地城镇化中的空间影响效应。卢瑜等（2021）通过使用自然间断点分级法，对中国的有机农业进行了空间分布分析，并确定了它们的集聚程度，然后利用莫兰指数对我国有机农业发展依赖性进行了检验，并深入讨论了有机农业的空间集聚和演化情况。王文利（2022）以实证检验消费水平与技术创新对于流通业在空间上的影响效应为目的。2000~2018 年，从全国 30 个省份收集了大量的面板数据，并利用空间计量模型进行了深入的研究。吴昊和李萌（2022）基于空间溢出效应的角度，考察分析了经济增长和就业的空间相关性，同时就经济增长和就业关系的空间差异性进行深入剖析。徐清华和张广胜（2022）使用 282 个城镇的面板数据，创造出一个基于空间的杜宾模型，来探讨农业机械化如何增加农作物的碳排放量。在此基础上，进一步分析农业机械化对不同区域和不同省份之间的差异，并从技术进步、产业结构升级等方面提出相应的政策建议。陈昭等（2022）以我国 30 个省份数字经济发展情况为研究对象，通过搜集 2011~2019 年的面板数据，采用了熵值法以及 DEA-Malmquist 指数法，对其数字经济发展综合指数和 TFP 进行了测度，实证讨论了数字经济在推动经济高质量发展中的作用效果。戴一鑫等（2022）以长江经济带 11 个省份的新型城镇化发展情况为研究对象并采用熵值法，基于 6 方面 27 个指标构建了评价城镇化水平的综合评价指标体系对其进行评价。最后通过空间计量模型，来实证考察了服务业集聚对新型城镇化空间影响效应研究。林润田和李碧珍（2022）以我国 30 个省份工业相关情况为研究对象，通过搜集 2012~2019 年的面板数据，采用两阶段串联链式数据包络模型进行创新效率的研究。

1.2.5　综合评述

通过上述对已有研究文献的梳理，发现现有研究还有可以延伸和深入的地方，同时，也有可以创新研究之处。第一，现有文献中对组织化的评价，一些文献是基于截面数据来开展评价，另一些文献只是用单一指标来指代组织化。因此，基于面板数据，探索尝试构建相对科学的农业组织化水平综合评价指标体系将会使其评价方式方法更加完善、全面。第二，在组织化对效率的影响方面，一些文献只是对不同模式的组织化情况采取对比研究，另一些文献是对是否加入农民专业合作社或者家庭农场之间的对比研究，还有一些文献是基于产业组织化程度或者农户组织化程度，通过调研获取的截面数据进行研究。基于农业组织化本身，并且从面板数据来进行横向和纵向全方位的研究比较少。第三，基于 Dagum 基尼系数方法、α 收敛以及 β 条件收敛的方法开展空间差异性的研究并不少，但是用这种方法对新疆棉花生产技术效率和农业组织化开展空间差异性相对较全面的研究比较少。第四，利用县域数据，采用空间计量方法研究农业组织化对棉花生产技术效率的影响机理和空间影响效应，也能够丰富现有文献在组织化对技术效率方面的相关研究。

1.3 研究内容与研究方法

1.3.1 研究目标

本书首先基于新疆棉花主产县市，从农业组织化对新疆棉花生产技术效率的影响机理及效应展开研究。通过对农业组织化和技术效率相关研究理论进行梳理的基础上，一方面采用超越对数生产函数模型对新疆棉花生产技术效率进行测度，另一方面采用熵权法对新疆棉花主产县市农业组织化水平进行综合评价。其次运用基尼系数、收敛性分析摸清新疆棉花生产技术效率和农业组织化水平的时空分布规律。在此基础上，厘清农业组织化对新疆棉花生产技术效率影响机理。最后基于时定效应模型、面板向量自回归模型和空间杜宾模型，摸清农业组织化对棉花生产技术效率的影响效应。同时运用超效率的 DEA-BCC 模型对棉花生产技术效率重新测度，对其结果的稳健性进行检验，进而从农业组织化的角度对提高新疆棉花生产技术效率提出对策建议。

1.3.2 研究范围

新疆棉花种植的主产县市主要分布在南疆地区和北疆地区。鉴于不同县市棉花生产情况以及相关数据的连续性及可获得性，本书挑选了 19 个棉花生产县市，主要包括哈密市、玛纳斯县、呼图壁县、乌苏市、沙湾县、博乐市、精河县、库尔勒市、尉犁县、温宿县、沙雅县、阿瓦提县、英吉沙县、莎车县、麦盖提县、岳普湖县、伽师县、库车县和巴楚县。

1.3.3 研究内容

第一，梳理文献，摸清现状，奠定研究基础。从新疆农业生产组织化现状和棉花生产发展现状两个方面进行现状描述分析。在农业生产组织化现状方面，从组织模式和组织规模进行现状数据的搜集和描述分析；在棉花生产发展现状方面，从棉花生产县市分布情况、种植面积、总产量和单位产量四个方面进行现状数据的搜集和描述分析。

第二，新疆棉花生产技术效率测度及时空差异性分析。对新疆 19 个棉花主产县市生产技术效率进行整体测度，厘清新疆棉花生产技术效率的整体情况。并在此基础上分析了新疆各县市以及南疆地区、北疆地区棉花生产技术效率状况。通过运用 Dagum 基尼系数分析新疆棉花生产技术效率的地区差异。通过 α 收敛和 β 收敛对新疆棉花生产技术效率的收敛性进行分析。同时，在做 β 收敛性分析时，将从传统 β 收敛和空间 β 收敛两个角度进行，以期来对比空间因素对棉花生产技术效率的影响。

第三，新疆棉花主产县市农业组织化水平的测度及时空差异性分析。基于组织化过程和组织化主体来对棉花主产县市农业生产经营组织化水平进行综合评价。通过查阅相关文献，根据数据的可获得性，通过咨询专家来确定评价指标，通过熵权法确定评价指标的权重，进而对新疆农业组织化水平进行测度。通过运用 Dagum 基尼系数分析农业组织化水平的地区差异。通过 α 收敛和 β 收敛对农业组织化水平的收敛性进行分析。同时，在做 β 收敛性分析时，将从传统 β 收敛和空间 β 收敛两个角度进行，以期来对比空间因素对农业组织化水平的影响。

第四，农业组织化对棉花生产技术效率的影响机理分析。采用规范分析和实证检验两种方式来分析农业组织化对棉花生产技术效率的影响机理。在规范分析方面，从规模经营角度来看，内部主要通过降低物资的投入成本发挥规模效应，外部主要通过提升管理效率发挥规模效应，最终推动棉花生产技术效率的提高。从技术应用角度来看，通过统一的技术转移使用和模仿他人的技术溢出效应，来提高棉花生产技术效率；在实证研究方面，通过格兰杰因果检验、相关性分析、固定效应模型以及 IV-GMM 模型，厘清了农业组织化、规模经营、技术应用效应和棉花生产技术效率之间的关系，验证了农业组织化是如何通过发挥规模经营效应和技术应用效应来推动棉花生产技术效率的提高。

第五，农业组织化对棉花生产技术效率的直接影响和空间溢出效应的分析。一方面，基于静态和动态视角，通过构建固定效应模型和面板自向量回归模型研究农业组织化对棉花生产技术效率的影响。另一方面，基于空间经济学视角，构建邻接、地理距离空间权重矩阵，分别在两种空间权重矩阵下考察新疆棉花主产县市棉花生产技术效率的空间溢出效应。通过构建空间杜宾模型，在综合评价和测度分析的基础上，研究分析农业组织化对棉花生产技术效率的空间影响效应，并通过更换权重矩阵的计算方式、更换棉花生产技术效率的测算方法来对其空间效应进行稳健性检验。同时，针对南北疆自然环境、社会经济发展水平等因素的不同进行异质性分析。

1.3.4 研究方法

1.3.4.1 文献分析法

经过系统的文献分析，搜集有关农业组织化和生产技术效率的多种文献，其中包括技术效率、农业组织化、空间差异、空间效应等，将这些文献综合起来，结合本书的研究内容进行剖析和借鉴，为本书的研究提供了有力支撑。

1.3.4.2 规范分析和实证研究相结合的方法

通过规范分析和实证研究相结合的方法，对农业组织化对棉花生产技术效率的影响过程开展了规范性分析研究，同时，通过搜集相关数据，构建理论模型，对其影响作用进行实证研究，从而使研究更加完善合理。

1.3.4.3 定性分析和定量分析相结合的方法

对棉花生产技术效率和农业组织化水平进行测定时，本书运用了定性和定量分析相结合的方法。同时也运用该方法论证了农业组织化对棉花生产技术效率的影响机理和空间影响效应，为从农业组织化视角提升新疆棉花生产技术效率提供政策依据和理论参考。

1.3.4.4 归纳与演绎相结合的方法

通过归纳的方法，对农业生产组织、农业组织化等相关的国内外经验和发展历程进行总结。通过演绎的方法，对新疆农业生产组织、农业组织化的情况进行分析。

1.4 研究思路与技术路线

1.4.1 研究思路

首先，通过阅读大量国内外相关文献，同时结合本书的研究目标，确定本书的研究内容。根据研究内容的设计获取相关数据，并在此基础上开展新疆棉花生产和农业组织化情况的现状描述。其次，一方面运用超越对数生产函数模型对棉花生产技术效率进行测定，另一方面通过构建评价指标体系对新疆棉花主产县市农业组织化水平进行综合评价。再次，对棉花生产技术效率和农业组织化水平的空间差异性进行分析，以了解其空间差异情况。又次，通过规范分析和实证检验来研究农业组织化对棉花生产技术效率的影响机理，厘清农业组织化对棉花生产技术效率的影响,并运用超效率 DEA-BCC 模型对棉花生产技术效率进行重新测算后对其结果稳健性进行检验,也为空间效应的稳健性检验奠定基础。最后,通过空间杜宾模型研究农业组织化对棉花生产技术效率空间影响效应。

1.4.2 技术路线

通过文献研究和数据梳理,形成了本书研究的技术路线,如图 1-1 所示。

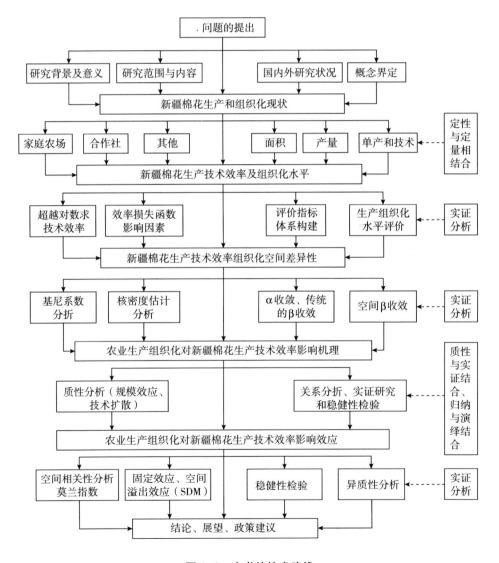

图 1-1 本书的技术路线

1.5 本书创新点

本书主要有以下两个方面的创新点:

第一,本书在研究农业组织化对棉花生产技术效率的影响机理时,根据技术效率理论,从规模经营效应和技术应用效应两个方面开展研究。一方面通过格兰杰因果检验厘清了农业组织化对棉花生产技术效率的影响关系、路径;另一方面对影响机理进行了分析验证。为从农业组织化视角提高棉花技术效率提供路径,奠定理论基础。

第二,本书在研究农业组织化对棉花生产技术效率的影响效应时,不仅考虑时间影响,而且对其空间上的溢出效应进行分析。农业组织化不仅对自身技术效率提升起到推动作用,而且可以通过辐射带动邻近区域棉花生产技术效率的提升,为提高新疆整体棉花生产技术效率提供理论支撑。

第2章　概念界定与理论基础

2.1　概念界定

2.1.1　农业组织化

2.1.1.1　农业组织

农业组织是一种以促进农业可持续发展为宗旨的机构，它们通过提供农业生产、管理、协会、科技研发等服务，为农业发展提供支持。农业管理组织主要负责农业宏观政策的制定、农业发展方向的指引以及农业相关政策的落实督促；农业协会组织主要负责监督、协调、沟通，协助宏观组织和微观组织之间建立良好的沟通机制；农业科技研发组织主要指涉农科研机构、高校等农业科研单位。农业生产组织即农业生产经营组织主体，概括来说就是在农业生产经营活动中，对其农业生产进行统一管理、统一生产、统一销售的有组织的个体或者机构。目前，在我国农业生产组织有很多种形式，像农户、专业大户、家庭农场、农民专业合作社、涉农企业等，还有在以上经营主体的基础上，它们之间又联合形成的协会、联盟或者其他产业化的组织（赵秋阳，2016；温琦，2009b；王颜齐和史修艺，2020）。

2.1.1.2　农业组织化

农业组织化主要是指农业生产经营的组织化。它是指农业生产经营主体通过土地集中、劳动力集中、统一机械化作业等多方式、多渠道、多模式开展的联合生产经营。通过秉承规模化、专业化、机械化等现代化农业生产经营理念，以优化资源配置、科技创新超前、市场竞争力强等为目标，不断提升农民生产经营能力和效益的过程。农业组织化是外部组织化和内部组织化协同推进的过程，内部组织化是指组织化主体之间的联合，生产要素的集中、规模化。外部组织化主要是指生产管理水平的提升等。农业组织化主要有五个特点：一是在这一过程中农业生产是由低级向高级不断发展迭代的过程，是向农业现代化更高水平不断奋进的过程；二是在农业组织化过程中，不仅可以创造出更多的农业生产组织类型，而且是新型农业生产组织互相影响、合作共赢的过程，更是农业生产资源不断优化配置、升级迭代的过程；三是在这个过程中，不仅是农业生产经营组织联合共赢的过程，而且是农业生产全产业链条上各环节服务组织主体联合共赢的过程；四是在这个过程中始终不改变农户对土地这一生产资料的拥有权；五是这个过程是一个创新发展的过程，为技术的扩散、规模化的生产、产业的形成以及信息等资源的流通奠定了良好的基础（温琦，2009b）。

农业组织化根据农户的组织形式不同，主要有农户自行组织的临时性的合作和有组织、有管理的农民专业合作社。农户自行组织的临时性的合作就是指几家农户之间经过商量达成一致目的，组织形成的农业组织化形式，它具有自主性、非正式性并且成员数量较少的特点。农民专业合作社也是农户自愿组织联合起来进行统一生产、统一管理和统一销售的一种经济组织。目前，农业组织化主要通过土地生产要素的集中整合而实现规模化、机械化、科学化的生产经营，也是通过这一方式来实现小农户与现代农业的有效衔接。但是，农业组织化对规模效率的推动作用也不是持续提升的（王颜齐和史修艺，2020）。

2.1.2 技术效率

2.1.2.1 效率

效率在经济学中的概念没有被统一界定。有学者认为，效率就是最大化、最有效地利用资源达到满足人们需求的目的。在投入一定的条件下，所有投入要素都得到了最大程度的利用。通常情况下，在经济学理论中，学者普遍认为效率与经济学理论中的帕累托最优是一致的。帕累托最优是指当从一种经济资源分配状态到另外一种经济资源分配状态的过程中，在不损害任何人利益的前提下，而能够使得某个人或者某些人的状态变好的这种状态就是帕累托最优。帕累托最优是资源分配时最好、最理想的状态。效率是指生产要素的投入与产出的关系。在微观经济学中，如在企业生产过程当中，生产的有效率就是指当企业投入一定的生产要素时，它的产出是不是达到最大水平，或者当产出一定时，其生产要素的投入是不是最小。在宏观经济学中，一个经济体中经济发展是否有效率就是指各种社会资源是否达到了有效配置，使得经济体中社会和人们的需求都能够达到最大程度的满足。鉴于此可以总结出，在经济学中，效率主要就是指资源的最大化有效利用，主要研究的是生产资源以及生产资源配置所产生的效用之间的一种关系（董晓辉, 2011）。

2.1.2.2 技术效率

技术效率是基于劳动生产率这一概念提出来的。劳动生产率是用来表示生产效率的一个指标。由于在生产过程中还涉及资本、土地等生产要素的投入，这些要素的投入也需要进行利用效率的评价，劳动生产率并不能解决这一问题，于是，技术效率就应运而生。它最早是由英国剑桥大学经济学家 Farrell（1957）提出的，他将技术效率的概念定位于一种可以通过改善生产要素的使用来达到的目标，即通过降低成本来达到更高的经济收益。这种方法假设所有的资源都可以被用于满足特定的需求，并且可以达到较低的成本。美国经济学家 Leibenstein（1966）从产出的角度进一步扩展了技术效率的概念，他认为，技术效率就是指在投入不变的条件下，生产者理想的最大产出与实际的产出之间的比例。从另外一个角度来看，技术效率也可以理解为在没有新技术更替的条件下，稳定使用某些技术，也就是说技术水平一定的条件下，生产者能得到的最大产出（韩园园, 2014）。

国内研究者对技术效率的概念定义基本上沿用了 Farrell 和 Leibenstein 的观点，认为技术效率就是指在各项生产技术和市场价格不变的前提基础上，相同的生产要素投入或者相同的生产产出既定条件下，实际产出与理想最大可能生产产出之比或者理想的最小投入与实际投入之比。在农业生产领域亦是如此，农业生产技术效率的概念就是在相同的生产技术和市场条件下，在农业生产投入既定的情况下，实际产出与理想最大产出之间的比例（张鹏, 2015）。

2.2 理论基础

2.2.1 技术效率理论

技术效率的研究是随着生产率和技术进步的研究和发展而产生的，本书从技术效率理论产生和发展过程来论述技术效率理论。

2.2.1.1 技术效率理论的产生

技术效率的概念界定和测算方法的研究均源于 20 世纪 50 年代的英国。在那个年代的学者对技术效率的测定是用劳动生产率来代表的，后来研究发现，在生产过程中，生产要素的投入不只有劳动力这一个生产要素，还有像资本、土地等生产要素的投入，如果这时用劳动生产率代替技术效率，就会忽略其他生产要素的利用情况。也是鉴于这个原因，法瑞尔从投入角度来构建和定义技术效率生产函数，这一生产函数的概念界定为：在给定产出前提条件不变的情况下，也就是说产出的规模以及市场价格不变的情况下，生产要素理想状态下最小的投入与实际投入之间的比例。随后效率分析研究也被广泛应用到其他产业（毛世平，1998）。农业技术效率是一种衡量生产条件下最优投入成本与实际投入成本之间比值的概念。1964 年，经济学家舒尔茨指出，要推动经济增长，必须通过农业科技的发展推动农业生产技术效率的高水平发展，促进农业生产率的不断提高，最终推动农业现代化发展的不断前行（刘亚航，2021）。

2.2.1.2 技术效率理论的发展过程

1957 年，技术效率被英国经济学家法瑞尔首次提出，它是从投入角度来描述和定义技术效率的，但是它也有其局限性。像技术效率的边界生产函数并没有完全使用全部的样本资料，而是由部分样本数值来决定的。还有就是边界生产函数的产生会受数据质量的很大影响等（刘亚航，2021）。1966 年，美国经济学家莱宾斯坦提出了新的观点，将技术效率的定义拓宽到更广泛的领域，即在资源保持稳定的情况下，企业期望和现实收益相对于预期收益的百分比。而这一产出视角定义的技术效率被学术界很多学者所接受，后来在经济学研究中也比较频繁使用（刘亚航，2021）。Afriat（1972）在以上研究和存在问题的基础上，通过使用最大似然估计的方法，构建了新的边界生产函数模型。Richmond（1974）在针对最大似然估计方法研究边界生产函数过程中存在的问题，提出了修正的普通最小二乘法。随着残差分布的变化，最大似然估计方法在不同的假设条件下可能会得出截然不同的结果。Aigner 和 Chu（1977）与 Meeusen 和 Van（1977）提出了新的研究办法和思路，也即随机边界生产函数。这一想法的提出让对技术效率的研究从纯理论研究走向了应用研究，并在 20 世纪 80 年代初期将这一想法成功论证并应用于现实研究中。运筹学家 Charnes 和 Cooper（1978）提出的数据包络法（DEA），引入了相对效率的概念，使得技术效率的研究方法更加丰富（张丽鑫，2019）。

2.2.2 要素禀赋理论

要素禀赋理论是对各区域生产要素丰裕程度差异化的解释理论，下文从要素禀赋理论的产生和发展过程来论述。

2.2.2.1 要素禀赋理论的产生

要素禀赋理论又被称为 H-O 理论。它是由瑞典经济学家赫克歇尔在其论文《国际贸易对收入分配的影响》中创始提出的，后来由俄林经过完善和发展起来的一项理论体系。在要素禀赋理论背景下，由于各个国家的资源环境条件以及地理环境的不同，导致了他们在相同的生产技术前提下，却存在着产品成本和产品价格的不同。也正是这种要素禀赋结构的不同引起各国之间相对成本不同，正是这种成本的不同最终导致了各个国家产品供应能力有所不同，进而造成产品价格的差异，为国家贸易的形成提供了更多的可能性。根据要素禀赋理论，一个国家应该努力提高其产品的质量，以便在国际市场上获得更大的竞争力。要素禀赋理论与比较优势理论的不同是，比较优势理论背景下，由于劳动生产率的存在，为自身的相对成本优势提供了可能性，而要素禀赋理论是以水平相同的劳动生产率和技术为假设前提，要素禀赋结构的差异决定着相对成本优势（黄林，2016）。

2.2.2.2 要素禀赋理论的发展

要素禀赋理论中最基本的理论就是 H-O 理论。该理论结论的形成也是有很多假设前提的。与要素禀赋理论相关的典型研究理论主要有以下三个理论：一是要素价格均等化理论。学者们也将其称为 H-O-S 理论，它是美国经济学家萨缪尔森在 H-O 理论的基础上对其又进行了更加深入的研究和发展。H-O 理论是以生产要素不可以在经济主体之间自由流动为前提假设的，而当这一假设被放开了之后，生产要素实现了自由流动，随着商品贸易的推动，要素价格向均等化的趋势发展，鉴于贸易壁垒、市场状况的不同，要素价格最终也达不到完全均等化。萨缪尔森在以上研究的基础上开展了进一步的研究，他通过引入数学的方法，证明了在一定条件下，随着要素的流动和国际贸易的发展，各个国家相同生产要素的收益不是趋同，而是最终会实现相等。二是罗伯津斯基定理。罗伯津斯基将H-O 理论中的基本假设再进行放宽，同时固定商品的价格，要求各个经济主体的生产要素禀赋结构不是一成不变的，而是可以发生变化的。三是 HOV 理论。HOV 理论也是在 H-O 理论上进行研究和发展的，但是与 H-O-S 理论假设相反。瓦内克是主要基于投入—产出法对交易产品包含的要素含量进行研究。HOV 理论证明，要素禀赋结构的不同决定了贸易结构的不同（黄林，2016）。

2.2.3 技术扩散理论

技术扩散是与时间密切相关的，技术扩散理论模型也是在考虑了时间变化因素条件下构建的动态变化模型，在这些理论模型中比较典型的就是基于新产品增长模型的创新扩散理论。

2.2.3.1 技术扩散理论的变迁

Griliches（1957）在对农业技术扩散进行研究的时候认为，农业技术扩散过程是一个"S"形变化的过程，并且是与时间密切相关的。后来在这个研究结论的基础上，学术界很多的学者对此开展了研究并证明了以上研究结论是正确的。

美国学者 Rogers 基于爱荷华州高产玉米技术，对其进行技术扩散的研究发现，随着时间的变化，其技术扩散是呈现"S"形变化。之后，"S"形变化曲线就成为技术扩散变化的典型代表（李想，2014）。

在对技术扩散理论的研究中，最为典型的是 Bass（1969）构建的新产品增长模型。这一模型随后就被学者衍生应用到很多研究领域。在农业领域也是如此，比如，在对农业技术扩散进行研究的时候，学者将技术使用者即农户分成两个不同的类别，一类是革新者，革新者是从外来引进新技术并独立使用新技术的农户。另一类是模仿者，模仿者是通过模仿学习别人的技术，进而进行使用和扩散的。在农业技术扩散理论中，创新者与模仿者一样，他们对技术扩散的过程都是随时间呈现"S"形变化的。Feder 等（1981）将风险减少的学习过程引入技术采用的效用最大化模型中，同时将新旧技术的更替成本和如何实现新旧技术采用的最佳比例等影响因素纳入模型研究中发现，"S"形的技术扩散变化理论依然成立（李想，2014）。

随着社会经济学的发展，Cochrane（1958）将社会学的理论应用到技术扩散理论模型中，提出了"技术踏车"理论。"技术踏车"理论根据技术采用和传播的顺序将其分为早期采用者、跟随者与落后者。其主要思路就是，早期技术采用者对新技术的采用是经过深思熟虑和比较的，他们希望采用新技术后可以生产出竞争性优势比较明显的产品，从这些产品的高市场价格中获取更多的超额利润。同时他们的这种敢于尝试和引进新技术的行为也为技术扩散带来了更多可能性，也将有更多的农户使用这种新技术。接下来跟随者将会紧跟早期采用者的步伐采用新技术，而跟随者的行为将会增加产品的产量，从而导致产品价格下降，超额利润减少甚至没有利润。当产品价格等于平均价格的时候，落后者就没办法从中获取利益。随着时间的推移，早期使用者不断尝试和接受最先进的科学技术，从而形成"踏本效应"这样的持续发展模式，从而实现农业的可持续发展（李想，2014）。Warner（1974）研究认为，技术采纳者在使用某种新技术之前，通常情况下会对使用技术的成本和收益进行对比斟酌，或从他人那里了解或自己进行试验。

2.2.3.2　创新扩散理论

创新扩散理论，最典型的代表人物就是美国新闻传播学者 Rogers（1962）。他认为，创新就是一个新颖的事物、思想等。创新扩散也就是新的技术、新的信息进行传播的一个过程。Rogers 于 1962 年出版了《创新的扩散》一书，在书中他将创新扩散的过程、特点以及相关的影响因素进行了论述和分析，并且得出结论：创新扩散过程是一个"S"形变化的过程，并且是随着时间发生变化的。创新扩散的最主要思想是，创新扩散刚开始的时候传播速度比较慢，但前提条件是必须要有一部分的个体采纳创新，当这些创新采纳者超过一定的临界数量后，创新扩散的进程会加快进行，一直持续到整个系统中大多数个体都采用了创新，等到这些个体达到饱和的时候，创新扩散速度就会慢慢降低，采用创新个体的数量就会减少。Rogers（1962）将采纳创新技术的人群划分为五类：勇于探索新事物的创新者，拥有较高声望的早期接受者，更加谨慎、更加理智的早期跟随者，容易受外界影响而产生怀疑的晚期接受者以及被动接受的落后者（李想，2014）。

2.2.4 组织化理论

组织化的理论基础包括分工协作、交易成本和组织制度变迁，这些都是构建组织的重要因素（陈令民，2003）。

2.2.4.1 分工协作理论

分工协作标志着社会生产力的发展，同时，分工协作也推动了生产社会化和生产一体化。随着时间的推移，人类需求和技术的进步使得农业变得更加复杂和先进。在这种情况下，许多农民都开始致力于研究和开拓新的技术和方法，并将其应用于各种领域。由于技术的进步，许多农民都开始更加熟练地进行各种生产和销售，为当地的经济增长做出贡献。另外，一家一户的小农经营在面对自然环境变化和市场变化时抵御风险的能力又比较弱，特别是在变幻莫测的市场环境中，其进入市场能力差，谈判能力也比较弱，基本处于劣势地位。为了促进农民的收益，我们必须建立一座沟通的桥梁，使农民能够更好地参与到市场竞争当中。农民的分工协作既保持了传统的家族式管理，又为整个农业生态系统带来了更大的潜力（Coase，1960）。

2.2.4.2 交易成本理论

科斯的观点表明，通过采取有效的组织结构，企业可以有效地降低交易成本，从而产生更加有效的经济效益。此外，该观点还指出，通过实施有效的农村经济结构，可以更加有效地实现经济增长（Coase，1960）。

交易费用的变化是随着交易次数变化而呈现正比例变化的。

若农民在未进行组织化时，一共有 A 户农户。这 A 户农户都到这 B 个市场上进行一次农产品的销售或者生产资料的购入，则交易次数为：$B_1 = f_1$（A，B）$= A \times B$。

若农户与市场之间有一个组织化的农业组织，首先是农业组织与 A 户农户先开展一次交易，接下来农业组织到各个市场进行了 B 次交易，那么总的交易次数为：$B_2 = f_2$（A，B）$= A + B$。

农业组织的相对效率用 F（A，B）来表示的话，则：

$$F(A, B) = \frac{B_2}{B_1} = \frac{f_2}{f_1} = \frac{A+B}{A \times B} \tag{2-1}$$

当 A>2，B>1 时，F（A，B）<1，农业组织是有效率的。随着 A 和 B 的不断增大，意味着在市场上交易的农户越来越多，交易的次数也越来越多的时候，农业组织对交易费用的节约效果就越来越显著。以上论证说明农民组织化不仅可以提高农民在市场中的地位，而且可以减少农民的交易费用，使广大农民真正受益（Coase，1960）。

2.2.4.3　组织制度变迁理论

舒尔茨认为，制度是用来规范和约束人们行为的，是通过规定一些规则来具体实施的。或者对人和人之间的关系进行明确或者约束，或者为提倡人们的某些行为而进行激励。其主要目的是减少环境中存在的风险，减少交易费用，保护个人或集体的产权，从而促进生产经营活动的开展。在农业生产过程中，在市场经济发展的条件下，农民组织化不仅保证了他们的根本利益，而且提高了他们进入市场、开展交易、进行合理化竞争的能力。同时，农民组织化也是农民组织制度变迁的结果。组织制度能够减少交易中产生的费用，能够为人们之间的合作提供基础，同时能够为经济活动的开展提供支持，还能够激励好的行为约束不好的行为。组织制度的形成和发展不仅为保护农民的利益提供了保证，而且也推动着农业的可持续性发展（朱颖，2012）。

2.2.5　规模化理论

在农业生产领域，规模化生产、规模化经营一直以来都是被关注的焦点问题。无论是在学者对其经济理论和效益的研究中，还是政府在生产实践中政府部门都是对其规模效益的追求。经过学者的研究和生产实践已经证明，规模化生产经营可以带来农业经济效益的提升，同时，它也是当前我国农业生产发展的主要方向。

2.2.5.1　规模化的两种形式

目前，学术界对规模化形式的界定主要分为两种：即外在规模化和内在规模化。根据投入要素的不同，也有学者将其分为外延式规模和内涵式规模。

根据规模化形式不同，戴晓郦（2008）通过研究论述总结，外在规模化主要是指通过专业化、产业化、高效化、科学化的生产经营管理等来发挥规模效益；内在规模化主要是指通过农业生产过程中扩大农业生产规模，发挥规模化、机械化、集约化等作用来促进规模效益的形成。张志红和吴少龙（2001）通过研究总结了外延式规模经营如何通过改变要素的使用，使我们能够更好地进行有效的生产。而内涵式规模经营主要是通过增加科技含量，像引入高效的经营管理理念、引进新的技术、调整种植结构或产业结构等，来实现农业生产与市场的有效对接，从而使生产效益得以提升。当前，对我国很多地方而言，由于外延式规模经营是基于土地相对集中的条件下才能实现，所以土地的相对集中就会要求更多的农民非农化。这一点各地也都在努力实现，因此，实施外延式规模经营需要一定的时间和过程。内涵式规模经营旨在利用现有资源，结合先进的科学技术和管理手段，大幅提升土地利用率、劳动生产率，从而获得更大的经济效益，无论何时都可以实施（伍业兵，2007）。外延式规模经营和内涵式规模经营之间是相互影响、相互交叉的。目前，主要通过要素投入的方式不同而加以区分（朱颖，2012）。

孔祥智和穆娜娜（2018）根据规模化经营的具体形式，将规模化分为土地流转型和服务带动型规模经营。土地流转型规模经营就是指分散的农户将自己一家一户的土地以流转经营权的形式租赁给新型农业经营主体，新型农业经营主体支付一定的地租给农户的经营模式。服务带动型规模经营是在农户土地经营权不变的前提下，新型的规模经营主体或者服务组织为农户提供农业生产全流程规模化服务的一种形式。何宇鹏和武舜臣（2019）认为，以服务规模经营替代土地规模经营来实现农业规模经营，进而提高土地密集型大宗农产品的竞争力，可能是现代农业实现规模经营的另一选择。崔晓倩（2020）认为，目前经营较好的形式有订单式农业、土地的托管以及联耕联种等形式。

2.2.5.2 规模效益

规模效益的概念是以规模收益和规模报酬为前提和基础的。在经济学范围内，规模收益是这么理解和定义的，如果投入矢量为 x，与它对应的产出矢量为 f（x）。当投入矢量为 λx（λ>0）时，λf（x）与 f（λx）之间的关系为：如果 λf（x）>f（λx）时，规模收益减少；如果 λf（x）= f（λx）时，规模收益不变；如果 λf（x）<f（λx）时，规模收益增加。当 f（x）是齐次函数或者凹函数并且 x = 0 时其函数值大于等于 0 的情况下，递减的规模收益一直存在。而当齐次函数的指数大于 1 的时候，规模效益却是增加的。科技的进步、规模的迅速发展也带给企业许多新的机遇和挑战。通常来讲，由于科技的迅速发展，企业可以获得更多的资源，从而实现更高的利润。另外，由于科学技术的蓬勃发展，企业可以获得更多的资源，从而实现更高的利润。当产出的产值与所需的资源呈正相关时，我们就可以将其视作一种规模效益的递减；而当这种递减的程度与资源的需求呈正相关时，我们就可以将其视作一种递归（朱颖，2012）。

随着生产规模的不断扩大，生产主体投入的各种生产要素也会相应地提升，从而导致产量的显著增长，而且这种增长的幅度远远超过了投入的要素增大的比例。《萨缪尔森辞典》在解释规模效益时强调，规模效益就是指投入要素比例增加时产生的增长率。随着生产要素投入量的不断提升，获得的收获也会相应地提高（保罗·萨缪尔森，2001）。在农业生产中，规模效益就是当农户生产规模扩大之后带来的生产收入增加。农民通过扩大生产规模来取得规模效益，其最主要目的不是为了降低生产成本，而是为了增加经济收入。如果扩大生产规模，单位生产成本没有降低，或者说还有可能增加了，但是最终其经济纯收入增加了，那么其规模效益还是增加了，农民还是愿意接受这种规模的扩大（朱颖，2012）。

2.2.6 空间效应理论

随着时代的发展，空间结构的重要作用日益凸显，当中最显著的就是空间结构相互作用（依赖性）以及空间结构差异性。同时，空间相关性可以被视作一种空间溢出效果，即一个区域内的数据具有明显的内部联系，并且可以通过外部因素来改变这种结果。Tobler（1970）在"地理学第一定律"中对空间相关性的概念进行了概括和解释，即地理空间上任何两个事物都存在相关关系，尤其是在两个相邻空间单元之间，这种相关关系更加明显。随着时代的变迁，各个地域的资源要素变得越来越多，这种多样化的资源要素会对当前的经济产生重要的影响，从而形成一种空间溢出现象。这种空间异质性指的是各个地域的资源要素可能存在着很大的差异性，这种差异性既可以源于自然、地理的变化，也可以源于技术创新、基础设施建设的变化。因为各地的自然条件和气候状况的变化，前期的建设和发展可能会有很大的变化，这或许会影响到当前的经济、科学和文化的多样性，并且可能会引起各地的经济、科学和文化的显著差距（杨晓琰，2022）。

在实际研究中，空间相关关系的研究都是借助空间权重矩阵来研究的，1974 年，比利时经济学家让·佩林克提出了空间计量经济学。后来 Anselin（1988）对其进行进一步研究和发展，最终形成了经济行为在空间上交互作用的综合学科。空间计量经济学既属于经典计量经济学，又高于经典计量经济学，它不仅能够处理空间截面数据，而且还可以处理空间面板数据。其主要用于空间相关性分析和空间效应的估计、检验和预测。空间滞后模型（SLM）和空间误差模型（SEM）被常用到空间计量模型。分析因变量之间的空间相关性常用到空间滞后模型（SLM），分析由于误差导致的空间相关性常用空间误差模型（SEM）（杨晓琰，2022）。

第3章 农业组织化对生产技术效率影响的理论分析

3.1 农业组织化对生产技术效率影响的理论框架

为了更加清晰和直观地研究农业组织化对棉花生产技术效率的影响,本书构建了农业组织化对生产技术效率影响的理论框架。一方面研究农业组织化对生产技术效率的影响机理,另一方面研究农业组织化对生产技术效率的影响效应。

在直接影响方面,农业组织化通过优化要素配置、规模经营以及技术进步等推进或拉动生产技术效率的提高。在溢出效应方面,农业组织化通过相邻县市农户之间的学习效仿,政府之间政策的模仿,进而带动周边农业组织化水平的提升,最终推动本区域生产技术效率的提高。

首先,区域 i 农业组织化水平的提升,会推动区域 i 农业生产的规模经营,优化农业生产要素的配置比例,减少农业生产成本,提高要素配置效率,进而影响和拉动生产技术效率的提升。同时,区域 j 农业生产组织化水平的提升,对区域 i 的农业生产产生辐射带动作用,进而促进区域 i 生产技术效率的提升。其次,区域 i 农业组织化水平的提升,会解放出更多的农业劳动力从事非农就业,劳动力机会成本提升。根据诱导性技术进步理论,农业劳动力相对于土地越来越稀缺,劳动力相对于土地的价格就会不断上涨,进而为机械代替劳动力生产提供机会,推动着农业机械化程度的提升,通过技术进步拉动着生产技术效率的提升。同时,区域 j 农业生产组织化水平的提升,对区域 i 农业生产产生辐射带动作用,推动着区域 i 资源的优化配置,进而促进其生产技术效率的提升。最后,区域 i 农业组织化水平的提升,为农业生产技术的应用推广提供更多的便捷性和可能性,加之组织化带来农业生产组织和管理水平的提高,推动着生产技术效率水平的提升。同时，区域 j 农业生产组织化水平的提升，对新技术的采纳应用，为区域 i 农户提供"技术踏车"的机会，推动着区域 i 生产技术效率的提升（杨福成，2022）。具体情况如图 3-1 所示。

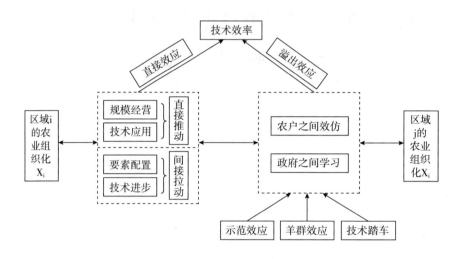

图 3-1　农业组织化影响生产技术效率的理论框架

3.2　农业组织化对生产技术效率影响的理论分析

3.2.1　制度变迁与技术效率

通过阅读大量关于技术效率的研究文献发现，组织体制、管理水平、产权结构等因素也是影响技术效率提升的关键因素。这些影响因素具有一个相同点，就是都属于制度性因素。因此，技术效率的提升与其所处经济社会的制度变迁密不可分。诺斯的"适应性效率"是一个重要的观点，它的提出对探讨技术效率如何随着制度变迁的发展而发生改变奠定了基础，也为我们更好地理解这种改变提供了思路，同时，这一观点对于研究新的制度经济学理论具有重要意义。"适应性效率"本质是一种社会制度变迁的动态效率，主要有两方面的内容：一方面强调了一种宏观的、具有灵活性的变迁机制，以满足当前的需求。一种制度的变迁必须考虑它的灵活性，以便它能够有效地满足当前的需求，从而实现最大的经济利益。通过对当前体系和政策的重大调整，有望充分利用当前的生产技术，大大增加社会的经济效益。这类改进促进了纯技术效率的提升，进而推动综合技术效率的提升。另一方面可以通过引入一种或多种政策，来鼓励和促进技术创新，以拓展社会的经济活力。这会引起生产可能性边界的向外移动，即通过技术的改进，从而大大地提高整体的技术效率（焦英俊，2008）。

3.2.2　规模效率与技术效率

Färe 和 Lovell（1978）是在生产单位规模报酬不变条件下提出生产技术效率的计算方法。但是在现实生产过程中，生产单位的规模是经常发生变化的。当初期生产单位的规模还未达到最优规模时，可能随着规模的扩大，生产效益会得以提高。当后期生产单位的规模达到一定程度之后，可能随着规模的扩大生产效益会降低。此时，生产单位经济效率基本上是由生产规模变化导致的。鉴于此，我们把生产技术效率分为两部分：纯技术效率和规模效率。纯技术效率是指生产技术本身的推广使用对整体效率产生的影响；规模效率是指生产要素的投入规模对整体效率产生的影响。通过两者的相互作用，我们可以更好地评估生产单位的整体综合技术效率（董莹，2022）。以最简单的单投入与单产出生产过程来描述技术效率与规模效率的关系，如图 3-2 所示。

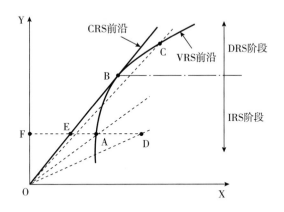

图 3-2　规模效率与技术效率的关系情况

若以一种投入要素为例，投入为 X，产出为 Y。在图 3-2 中，VRS 前沿为规模报酬可变时的生产前沿面，CRS 前沿为规模报酬不变时的生产前沿面。农业生产组织能够以其规模经济性的优势，在 A、B、C 上实现技术效率的最大化，技术效率达到 1。Productivity ＝y／x 描述了一个农业生产组织的生产效率，它的大小可以用该点到原点直线的斜率表示。因此，A、B、C 三点生产效率的值为 B>C>A。在 IRS 阶段，如果它的生产规模增加，而技术水平不变，那么 A 将沿着生产前沿面曲线朝着更优的 B 点方向移动。在 DRS 阶段，如果生产规模减小，而技术水平保持稳定，那么 C 点将朝着更优的 B 点方向移动，从而带动整体生产水平的提升。由于 B 点的技术水平达到了最优，在此处扩大或缩小生产规模都不可能达到更好的结果。规模效率的衡量是用随机前沿面上某一点的生产率除以技术最佳生产规模点的生产率。在图 3-2 中，点 A 的规模效率就是点 A 的生产率除以技术最佳生产规模点的生产率，即为 EF/AF。点 D 为技术无效点，其生产率低于点 A 的生产率，主要原因是 D 的技术效率低于 A，因此 D 可以通过提高技术效率来移动至 A 点，所以 D 和 A 具有相同的规模效率（刘虹利，2022）。

3.2.3 配置效率与技术效率

配置效率是一个重要的概念，它是在生产理论基础上诞生的，主要是指农业生产组织如何有效地配置资源，以达到净收益最大化的目的。在实际生产过程中，农业生产组织可能会遇到技术水平低、规模不合理、资源可获取量有限、信息不及时或不对称等问题，这些问题的存在导致了农业生产组织生产资源配置的低效，并且这种情况在一定程度上普遍存在。

由图 3-3 可知，SS′是等产量曲线，无论 X_1 和 X_2 如何组合，只要组合点在 SS′曲线上，它的产量就相同。因此，当农业生产组织在 P 点进行农业生产时，产量等于 Q 点的产量，显然 P 点是技术无效率的。此时，QP 距离反映了农业生产组织在保持原有正常产量的情况下，可以减少的投入要素的量。此时，QP/OP 表示技术无效率，1-QP/OP，即 OQ/OP 则表示农业生产组织的技术效率。相应地，如果农业生产组织变化管理制度和方式，将要素投入由点 P 减少到 Q 点，Q 点正好位于等产量曲线上，Q 点为技术有效率点，此时农业生产组织的生产是技术有效的。农业生产组织由 P 点移动到 Q 点处生产，其技术效率得到改善。在这种情况下，配置效率这一因素得以进一步提升，最终推动整个农业生产效率的提升。AA′是一条等成本线，按照生产理论原则，当 SS′和 AA′交叉时，也即 Q′点是一个要素组合最优均衡点，这个均衡点能够使各种自然资源的利用所需成本最低。农业生产组织在 Q 点处生产的配置效率为 OR/OQ，随着农业生产组织不断完善资源配置，从原有的 Q 点转变为 Q′点，能够显著提高资源的配置效率，从而实现自然资源的有效利用。显然，配置效率的改善使得农业生产组织的生产率进一步提升（董莹，2022）。

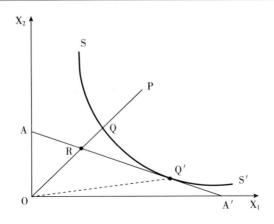

图 3-3 配置效率与技术效率的关系情况

3.2.4 技术进步与技术效率

随着科学技术的不断进步，生产函数边界会不断向外移动，从而给原有的低效生产模式带来挑战，使得他们再次面对如何提高生产技术效率这一问题，从而推动整个行业技术效率的提高。如图 3-4 所示。生产函数曲线 A 是原有技术进步前的情况，生产函数曲线 F 是发生技术进步后的情况。在 X_0 保持稳定的情况下，随着技术的发展，Y_3 到 Y_2 的总产出会显著提升，这归功于技术效率的改善；Y_2 到 Y_0 的总产出会显著提升，这归功于技术进步的改善。然而，在 Y_1 表

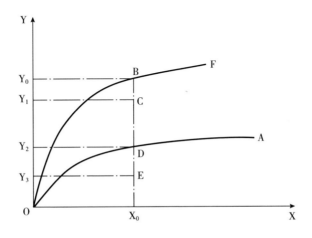

图 3-4 技术进步与技术效率的关系情况

示技术进步但无技术效率影响时的产出。因此，Y_3 到 Y_1 的变化说明在投资水平一定的情况下，技术的不断改善和技术的有效利用会推动收益的变化。同时，不仅限于此，由于科学的管理和运营也会使得收益得到显著的改善，从而实现技术的有效利用。随着科学家的不断深入探索和发现，以及科学技术的进步，使得技术的效率得到了显著的改善。技术进步拉动技术效率提高的原因也可以这么理解，比如，合理的新种植方法或通过对原有农户培训等方式就是在不改变原有要素投入的情况下使效率提升（焦英俊，2008；董莹，2022）。

3.3　农业组织化对生产技术效率影响的机制分析

3.3.1　农业组织化—规模经营—技术效率

农业组织化提升棉花生产技术效率归根结底是实现了农业生产的规模经济。规模经济是指因为规模的扩大而导致的经济效益的提高。由于规模扩大，生产要素的集中为成本节约带来了可能性，从而引起经济效益的提高。其主要的优势就是，随着生产量的不断增多，长期平均总成本出现了下降的现象。但是规模扩大与经济效益的提升也不是一直处于正向的促进作用，而是呈现倒"U"的变化关系，其也有拐点的存在，当规模扩大到一定的值时，经济效益会出现下降的现象，从而导致规模不经济。农业结构的优化可以有效地促进棉花的高质量、高效生产，这种优势可以从两个层次来实现：一是内部的规模经济，二是外部规模经济。

内部规模经济主要通过各个农业生产环节的规模化和组织化得以体现。农业组织化能够通过发挥组织化、规模化、专业化的作用，将原本分散的生产要素组织起来，经过优化配置之后进行生产，从而达到生产效益提高的目的。随着科学的发展，我们应该积极采取措施，大力开发先进的科学技术、先进的产品，并将其大范围地应用于实践，以促进农业的可持续发展（张永强和田媛，2021）。另外，农业生产组织通过规模化的生产，提升农业生产的机械化水平，不仅避免了一家一户小农对生产机械的重复投入，而且通过大面积的机械化作业提高了土地产出率，减少了人工投入的成本。通过实施农业组织化，可以科学有效地实现农业要素的投入与管理，从而有效地提高农业生产技术效率（闫迪，2021）。

外部规模经济通常体现在农业种植生产环节之外，如产前农业生产组织主体对田间公共设施的建设，为农业生产提供便利的生产条件。又如，大型农业生产组织相对于小农户管理运行成本的减少，以及集体财产力量的雄厚也可以为信贷政策提供保障。具体而言，农业组织化使农业田间路、林、渠等基础设施配套更加齐全，功能更加优化，相较于一家一户的小农经济，农业组织化为农业提供了更多便利，同时也节约了成本；农业组织化使相同的农业产业聚集起来，最大限度地发挥了产业集聚效应；在市场活动中，单个农户对市场的敏感性和信息的捕捉能力比较弱，在产品竞争力与议价能力方面也不足。这就会引起自身利益受到中间商的剥夺，农产品价格受中间商约束（张各兴，2011）。农业组织化能够在农业生产的产前和产后为其提供便利，能够带来组织化、规模化经营效益，使得在产前对生产物资的统一大量购买享受价格优惠，产后统一销售得以享受相对较高的销售价格。其相对于个体农户和家庭农场而言，产出投入比相对更高（林宣佐等，2020）。通过农民专业合作社的参与，不仅可以有效地降低农户进入市场的成本，而且还能有效地减少农产品交易的费用，从而更好地满足消费者的需求。此外，这些合作社还能够与高品质的农产品市场建立联系，拓展农产品的产业链，并有效地提升农产品的销售价格（高思涵和吴海涛，2021）；也能提高农民收入，降低市场波动给农民造成的经济损失（徐勤航等，2022）。农业生产组织主体在有集体大规模的土地或者生产利益的基础上，可以为其争取更多的金融优惠政策，为农业生产提供更坚实的资金基础。

　　规模经营效应角度的农业组织化对棉花生产技术效率影响机理情况如图 3-5 所示。

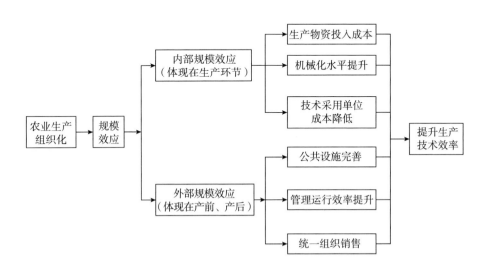

图 3-5　规模经营角度农业组织化对棉花生产技术效率的影响

3.3.2 农业组织化—技术应用—技术效率

科学技术是第一生产力，科学技术的进步不仅可以推动社会经济的发展，而且可以推动农业经济的高质量发展。对农业技术的采纳和推广是提高农业生产技术效率的重要途径，也是推动农业产业化经营的支撑力量。农业技术的创新和升级能够促进资源的有效运用，提高土地产出率、资本利用率和劳动力生产率。

由于农村地块的分散化，大型农机无法有效地在小农户分散的土地上运行，这就给农业技术效率的提升带来了阻碍。此外，小农户更加依赖传统的农业方式，对采用新技术的意愿较弱，而且对新技术的应用程度也相对较低。农业组织化通过市场竞争，可以寻求更好、更实用的农业生产技术。通过实施农业生产的组织化，可大大地促进农业技术的推广运用，如采取精准的测土配方，并且采取先进的科学管理手段，从而大幅度改善棉花的种植生产技术效率（徐勤航等，2022）。农业组织化主体通过发挥其对市场的敏感度以及分析决策能力，能够相对准确、清晰地识别出哪些农业生产技术在本区域的应用会更加适合和高效，进而通过采用这些农业新方法和新技术推动农业生产，也为提高农户生产技术效率打下了坚实的基础。在市场上，农业组织化主体不仅能够找到更加有效的作物品种，而且能够根据自身的需求设立科学的种植方案（张各兴，2011）。组织化的农户或生产组织，由于其规模大、土地集中，更适合大型农机的推广使用，从而减少使用新技术的总体费用（徐勤航等，2022）。也正因如此，农业生产的组织化为农业科技的普及、推广提供了便利，为农业技术的扩散提供了条件，进而更快地推动了农业生产技术效率的提升（张建忠，2012）。

科学技术是一种公共物品，由于公共物品的外部性，就会导致技术的扩散。传播技术通常通过两种方法实现：技术转移和技术溢出。技术转移转化是一种有目的、有组织、有意识的行为。技术溢出是无意识的传播，通过被学习或被模仿等形式进行传播（高大伟，2010）。农业生产技术是推动和提升农业生产效率的重要动力。相比于一家一户的小农经济，农业组织化主体对新技术、新机械等先进的科技成果的吸纳、转化和推广的能力更强，影响作用更大。它是以增加农民收入、提升农业整体竞争力的重要组织保障形式。以农民专业合作社为例，农民专业合作社根据市场需求不断引进、使用、推广新品种、新技术、新产品，如果合作社的规模、各项组织管理条件都比较成熟，那么它对技术传播的能力就越强，辐射得也越快，受新技术、新产品影响的植棉农户也就会越多，整体农业经济就会发展得越快（张建忠，2012）。棉花经营能手使用新技术和管理的经验，对广大棉农来说看得见、摸得着，其他棉农就会模仿使用该技术，进而扩散使用的棉农就会越来越多，技术使用推广的面积就会越来越大，棉花的技术效率就会有所提升。在农业组织化的实施方面，以农民专业合作社为例，通过引进先进的技术，对入社的植棉农户进行全面的培训和指导，不仅能够提升他们的人力资本水平，而且能够有效地推动农业技术的转化与应用。同时，通过激励学习，我们可以将技术应用扩展到更广泛的领域。这样我们就能够减轻棉农在技术自主投资方面的风险和长期收益困境。同时，合作社更好的技术和方法也可以扩散到其他的合作社，从而实现更快速度的技术推广和扩散。

技术应用角度下农业组织化对棉花生产技术效率的影响如图 3-6 所示。

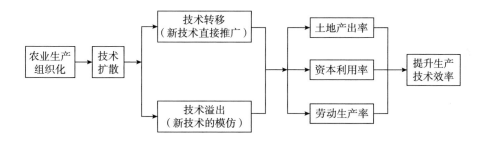

图 3-6　技术应用角度下农业组织化对棉花生产技术效率的影响

第4章 新疆棉花生产和组织化状况分析

本章根据全书研究内容，厘清研究对象的现状。主要包括：①2009～2019年新疆棉花生产情况。包括棉花主产县市的分布、棉花生产面积、产量以及单位产量情况。②2009～2019年农业生产组织化模式及组织化规模情况。包括生产组织主体、生产托管服务情况。③2009～2019年棉花生产技术情况。包括育种技术和生产栽培技术。

4.1 新疆棉花生产状况

新疆棉花种植面积占全国种植面积的80%左右，棉花产量占全国棉花产量的80%以上。根据地理位置和气候差异，天山山脉将新疆分为南北两大部分。在新疆以东的地区，新疆本地人都叫之为东疆，而东疆不在地理概念中，主要是人文概念，相对比较弱化。南疆地区和北疆地区是新疆棉花种植的主要区域，东疆地区也有种植。南疆地区包括巴音郭楞蒙古自治州（以下简称巴州）、阿克苏、克孜勒苏柯尔克孜自治州（以下简称克州）、喀什、和田；北疆地区包括昌吉回族自治州（以下简称昌吉州）、伊犁哈萨克自治州直属（以下简称伊犁州直属）、塔城和博尔塔拉蒙古自治州（以下简称博州）；东疆地区则以吐鲁番和哈密为代表。新疆的棉花生产种植面积很大，其中昌吉州、塔城、博州、巴州、阿克苏以及喀什是种植面积较大的6个地州。在品种的选择上，南疆地区主要生产早中熟棉花，北疆地区以特早熟、早熟棉花品种为主，东疆地区则是中熟棉花的生产区。

新疆棉花种植主产县市主要分布在南北疆地区。在北疆地区，主要有昌吉州的呼图壁县和玛纳斯县、塔城的乌苏市和沙湾县、博州的博乐市和精河县6个县市。在南疆地区，主要有巴州的库尔勒市和尉犁县，阿克苏的温宿县、库车市、沙雅县和阿瓦提县，喀什的岳普湖县、莎车县、英吉沙县、麦盖提县、伽师县和巴楚县 12 个县市。另外还有哈密的哈密市/伊州区，由于东疆地区涉及棉花种植县市较少，加之东疆地区农业经济发展水平与北疆地区相似，本书将其归为北疆地区进行分析（见表 4-1）。

表 4-1　新疆棉花种植主产县市分布情况　　　　　　单位：个

地区	棉花种植主要县市	数量
昌吉州	呼图壁县、玛纳斯县	2
塔城	乌苏市、沙湾县	2
博州	博乐市、精河县	2
巴州	库尔勒市、尉犁县	2
阿克苏	温宿县、库车市、沙雅县、阿瓦提县	4
喀什	英吉沙县、莎车县、麦盖提县、岳普湖县、伽师县、巴楚县	6
哈密	哈密市/伊州区	1
南北疆合计		19

资料来源：《新疆统计年鉴 2021》。

4.1.1　新疆棉花种植面积发展状况

通过表 4-2 和图 4-1 可以看出，2009~2014 年新疆棉花种植面积基本呈现逐年增加的情况，2014 年后略有减少，2017 年有所上升，2018 年和 2019 年基本处于稳定状态。另外，新疆棉花种植空间特征差异明显。在种植面积区域分布上，南疆地区棉花种植面积一直稳居首位，占新疆整体棉花种植面积的 65% 以上，最高年份达 73%。北疆地区棉花种植面积占到新疆整体种植面积的 25% 左右，最高年份达 34%。

表 4-2　2009~2019 年新疆棉花种植面积区域分布情况　　　　单位：万亩

年份	2009	2010	2011	2012	2013	2014	2015	2016	2017	2018	2019
南疆地区	952.43	1019.06	1092.23	1105.25	1094.45	2134.62	1845.74	1709.84	2006.69	1712.75	1713.17
北疆地区	361.98	401.99	531.39	557.00	553.56	820.19	625.80	632.21	769.10	773.12	794.42

资料来源：《新疆统计年鉴》（2010~2020 年）。

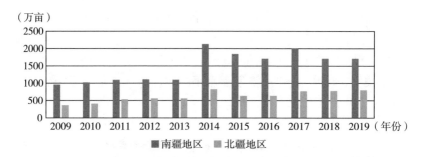

图 4-1 2009~2019 年新疆棉花种植面积各区域对比情况

资料来源：《新疆统计年鉴》（2010~2020 年）。

4.1.2 新疆棉花产量的发展概况

4.1.2.1 新疆棉花总产量的发展状况

通过表 4-3 和图 4-2 可以看出，2009~2019 年新疆棉花产量整体呈现增长趋势。2014 年棉花产量达到顶峰后略有减少，2017 年出现了小幅度上升之后又出现了下降的趋势。南疆地区棉花产量一直稳居新疆首位，最高产量达 235.46 万吨。北疆地区棉花产量次之，最高年产量达 108.65 万吨。

表 4-3 2009~2019 年新疆棉花产量区域分布情况　　　　单位：万吨

年份	2009	2010	2011	2012	2013	2014	2015	2016	2017	2018	2019
南疆地区	109.75	112.57	128.81	136.74	135.43	235.46	215.4	199.7	230.36	201.4	200.99
北疆地区	42.18	46.28	65.25	68.42	70.55	102.40	83.15	85.64	108.65	105.04	100.01

资料来源：《新疆统计年鉴》（2010~2020 年）。

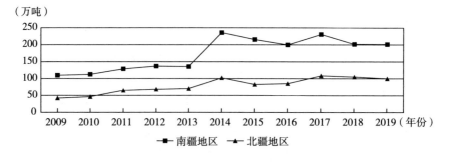

图 4-2 2009~2019 年新疆棉花产量各区域对比情况

资料来源：《新疆统计年鉴》（2010~2020 年）。

4.1.2.2　新疆棉花单位产量的发展概况

通过表 4-4 和图 4-3 可以看出，2009~2019 年单位产量在不同棉花种植区域
有所不同。南疆地区单位产量水平相对于北疆地区较低，东疆地区最低。南疆地
区单位产量水平基本稳定，2013 年出现峰值之后，基本处于 114 公斤/亩的稳定
状态。北疆地区相对于南疆而言，单位产量水平比较高，为 115 公斤/亩。

表 4-4　2009~2019 年新疆棉花平均单位产量区域分布情况

单位：公斤/亩

年份	2009	2010	2011	2012	2013	2014	2015	2016	2017	2018	2019
南疆地区	115.87	112.75	116.65	119.92	120.03	107.84	111.99	113.65	118.28	113.84	114.16
北疆地区	111.84	102.68	108.02	108.54	111.93	109.56	128.18	120.18	124.75	123.27	116.63

资料来源：《新疆统计年鉴》（2010~2020 年）。

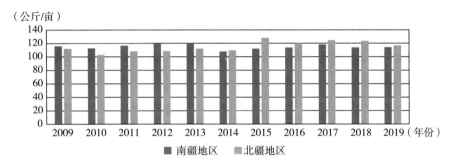

图 4-3　2009~2019 年新疆棉花平均单位产量各区域对比情况

资料来源：《新疆统计年鉴》（2010~2020 年）。

4.1.3　新疆棉花生产技术情况

4.1.3.1　棉花育种方面

自 2006 年以来，新疆棉花育种技术发展迅速。经过多年的努力，已经培育
出了一批高质量的棉花品种。其中，自 2015 年以来，新疆已经审定了超过 70 个
优良品种，在早熟、产量、品质、抗逆性、优质等方面都取得了显著的成果。近
十年来，新疆不断研发出具有优异性状和卓越产量的棉花品种，并将其大规模推
广应用，为新疆棉花产业的发展提供了有力支撑。这些新品种中较为典型的代
表，如新陆早 57 号、新陆早 61 号、新陆中 80 号、J206-5、新海 35 号和新海 60

号等。在棉花的育种技术和育种方法方面，随着生物学中转基因技术的发展，分子育种技术日益成熟，新疆棉花在传统育种的基础上，结合新的分子育种方法，创制出了不少抗虫、抗病、抗旱、高产优质的新型种子资源材料，从分子生物学角度开展枯、黄萎病育种以及数量性状育种，培育了有较强抗性和高产的品种。在高产育种方面，新疆棉区取得了重要突破，处于领先水平。

4.1.3.2　棉花栽培技术方面

在棉花栽培技术方面，自 2010 年以来取得了很多突破性的成果，为推动棉花生产发展起到了关键性的作用。

第一，"干播湿出"的棉花栽培技术。"干播湿出"技术也被称为"膜下滴水蓄墒脱盐"，是一种用于棉花种植的技术。这项栽培技术主要是指在前一年棉花收获后的棉田进行翻地和浇灌之后，来年就不再进行浇灌，直接对棉田进行整理后就实施完成播种，在播种完成后的 30 个小时以内进行滴灌设施的铺设，对播种后的棉种进行膜下滴灌。同时还要确保棉种吸收水分的时间、滴水量、温度等条件一致，促进棉种发芽出苗。这项技术不仅可以有效地减少水资源的消耗，而且还能够极大地提升棉花的产量和收益，它可以节约 90% 的春季灌溉用水，并且使棉花的出苗率提升超过 10%。

第二，精量播种技术。棉花精量播种是一种比较系统性的棉花机械化播种过程。它主要是通过机械的调试和控制，固定棉花种子的播种量、种子间距、种子入土的深度，一般情况下是根据棉花种植农艺的要求，按照一穴一粒进行播种，进而达到间苗定苗的目的，减少人工间苗定苗。棉花精量播种不仅对播种前棉种的处理有要求，包括拌种以及拌种的种衣剂等都有要求，而且对播种出苗后的管理也有相应的要求。棉花精量播种技术不仅可以节约棉种的用量，还可以省去人工间苗定苗环节，避免缺苗断垄、大小苗的现象出现，实现一播全苗。不仅可以节约生产成本，还可以提高田间管理种植效率，推动棉花的标准化种植生产。

第三，化学脱叶催熟技术。字面而言就是要用化学的手段促进棉花提前脱叶，提前成熟。化学脱叶催熟技术是为了更好地推进棉花的机械采收而研发的技术。该技术是实施机采棉的重要环节和基础，其作用机制是生成的化合物能够抑制生长素功能的发挥，促进乙烯生成，加速叶片离层的形成，实现脱叶。在市面上，有三种常见的化学药剂，分别是干燥剂、脱叶剂以及催熟剂。干燥剂主要破坏植株细胞，使植株干枯。脱叶剂促进叶柄基部形成自然离层，有利于叶片脱落。通过使用催熟剂，可以加速棉株产生乙烯，促进棉株成熟，从而实现叶片脱落，棉铃吐絮。

第四，棉花化学打顶技术。通过棉花化学打顶，可以抑制主茎的生长，防止出现无效的枝条，同时也可以破坏棉株的顶端优势，使更多的养分被集中到果枝上，从而给结果器官提供更多的养分，提高结铃的数量和质量。最终棉株的顶尖会停止生长，从而达到预期的效果。与人工打顶相比，使用简单、高效，还能减少顶部的损伤，能增产。

第五，滴灌技术。通过使用棉花滴灌技术，能够更好地控制田间灌溉。膜下滴灌技术既能提高单位产量、减病害、调节生态、保墒固土，又能在发展农业的同时保护环境，实现经济利益与环境效益的"双赢"。实际应用中，膜下滴灌栽培技术是实现新疆棉花高产栽培的重要基础。通过使用压力灌溉系统，将固体或液体肥料配成的肥液混合在灌溉水中，通过多个管道定期、定量、均匀地施用到作物的根部土壤中的技术称为滴灌肥。滴灌施肥的作物产量和经济效益较高，因为滴灌施肥可以较精确地控制施肥量、施肥均匀度和施肥时间等因素。目前实际应用的主要方式是在深施基肥，在作物不同时期结合滴灌补施所需的追肥。滴灌施肥的方法会因为作物的品种、作物生长环境、作物生长需求以及肥料品种等因素的不同而有所不同。

4.2　新疆棉花主产县市农业生产组织化状况

本节从现有统计资料的连续性出发，分析了新疆棉花主产县市农业生产组织化模式和组织化规模。

4.2.1　组织化模式

4.2.1.1　农民专业合作社

农民专业合作社旨在建立一个共同分享资源、共同受益、共同发展的社会组织结构，它将生产、种植、收获、收购、物流、科学管理、社会责任义务、社会福利等多方面结合起来。农民专业合作社作为一种社会性的经济实体，具备完善的经营和服务体系，其中包括完善的财务、法律、法规、合作社规章等，参与者既可以获得合法的收益，也要担负起相应的责任义务。

4.2.1.2　家庭农场

2013 年中央一号文件指出，鼓励和支持承包土地向专业大户、家庭农场、农民合作社流转，这是家庭农场的概念首次出现在中央一号文件中。后来，中央和涉农有关部门纷纷采取行动，一系列政策性文件出台，支持家庭农场健康发展。2014 年，农业部颁布了《关于促进家庭农场发展的指导意见》，2017 年，中央政府办公厅、国务院办公厅颁布了《关于加快构建政策体系培育新型农业经营主体的意见》，2018 年，国务院办公厅颁布了《乡村振兴战略规划（2018—2022年）》，2019 年，中央农办制定印发了《关于实施家庭农场培育计划的指导意见》，以促进家庭农场的健康发展。由此可知，我国关于家庭农场的相关信息从2013 年才正式开始，对于新疆家庭农场的情况分析也从 2013 年开始进行的。

4.2.1.3　专业协会

专业协会是一种社会组织，其是依照法律、法规成立的各种行业协会，为成员提供培训、信息、生产、技术、营销等服务。协会为社团法人，一般不搞经济实体，不以营利为目的。其主要职责是协调和自律，维护成员利益。

4.2.1.4　专业联合会

专业联合会是自愿组成的服务组织，具有联合性、地方性、非营利性。它以各种类型的农民专业合作经济组织为基础，吸收农业龙头企业、农业服务组织、家庭农场、农民专业合作社、农业科技人员和专业大户入会。该机构的核心职能包括提供农资联购、促进产业发展、提供科技服务、提供资金互助、提供管理建议等。

4.2.1.5　农业生产托管服务

农业生产托管服务的出现，可以使农户免去对耕地的依赖，并且可以通过与专门的农业服务公司合作来实现对整个农田的控制。这样的做法既能保证农户的利益，又能提高整个农田的质量。这种方式的诞生对当今农业经济的发展至关重要，因为它能够帮助农民更好地进行农田的维护，并且可以帮助他们实现更高的利润。2017 年，《农业部办公厅关于大力推进农业生产托管的指导意见》首次明确提出农业生产托管，为推动农业可持续发展奠定了基础。鉴于此，相关部门关于农业生产托管的数据信息也始于 2017 年。

4.2.2　组织化规模

在新疆棉花种植生产中，许多不同的组织化模式都有所涉及，如农民专业合作社、行业联盟、专业协会以及家庭农场等。

4.2.2.1　农民专业合作社

本部分主要分析 2009~2019 年农民专业合作社的发展情况。

（1）农民专业合作社的个数。

通过图 4-4 和图 4-5 可以看出，2009~2019 年新疆棉花主产县市农民专业合作社的数量整体上出现了逐年增多的变化趋势，仅在 2017 年出现小幅下降后，2018 年又呈现上升趋势，2019 年小幅减少。整体来看，北疆地区主产县市合作社数量整体上大于南疆地区主产县市合作社数量，在 2018 年和 2019 年北疆地区主产县市合作社数量出现了减少。2009 年农民专业合作社数量最多的是呼图壁县和乌苏市，2014 年农民专业合作社数量最多的是沙湾县，2019 年农民专业合作社数量最多的还是沙湾县。

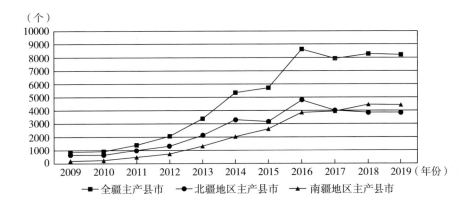

图 4-4　2009~2019 年新疆整体与南北疆地区棉花主产县市农民专业
合作社数量变化情况

资料来源：2009~2019 年农业相关部门统计数据。

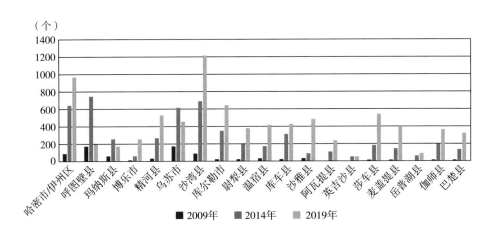

图 4-5　2009 年、2014 年和 2019 年棉花主产县市农民专业合作社数量情况

资料来源：2009 年、2014 年和 2019 年农业相关部门统计数据。

（2）农民专业合作社的利润分配情况。

通过图 4-6 和图 4-7 可以看出，2009~2016 年农民专业合作社利润分配情况北疆地区棉花主产县市利润分配比例相对最高，高于新疆整体和南疆地区棉花主产县市。2017 年之后，新疆整体主产县市、南北疆地区主产县市利润分配比例基本上相差不是很大，基本趋同。2009 年，棉花主产县市利润分配比例相对较高的主要集中在精河县、乌苏市、尉犁县、温宿县。2014 年，棉花主产县市利润分配比例相对较高的主要集中在精河县、温宿县。2019 年，棉花主产县市利润分配比例相对较高的主要集中在精河县、温宿县和伽师县。

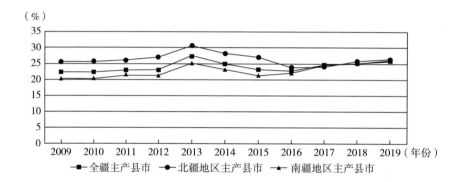

图 4-6　2009~2019 年棉花主产县市农民专业合作社利润分配比例变化情况

资料来源：2009~2019 年农业相关部门统计数据。

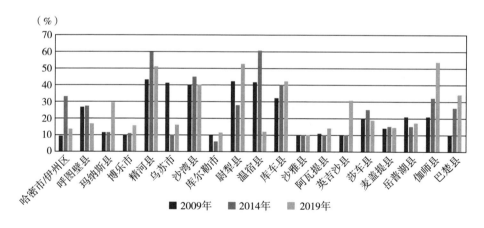

图 4-7　2009 年、2014 年和 2019 年棉花主产县市农民专业
合作社利润分配比例情况

资料来源：2009 年、2014 年和 2019 年农业相关部门统计数据。

（3）农民专业合作社带动非成员农户情况。

通过图 4-8 和图 4-9 可以看出，2009~2019 年棉花主产县市农民专业合作社带动非成员农户数量在 2015 年达到顶峰。2009~2012 年，新疆主产县市、南北疆地区主产县市农民专业合作社带动非成员农户数量基本上都呈现出增长趋势。2013 年出现小幅下降之后，2014～2015 年呈现上升趋势。2015 年之后呈现下降趋势。2009 年，棉花主产县市农民专业合作社带动非成员农户数量较多的主要集中在沙湾县。2014 年，棉花主产县市农民专业合作社带动非成员农户数量相对较高的主要集中在伽师县。2019 年，棉花主产县市农民专业合作社带动非成员农户数量相对较高的仍然集中在巴楚县。

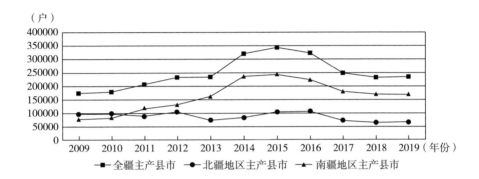

图 4-8　2009～2019 年棉花主产县市农民专业合作带动非成员农户数量变化情况

资料来源：2009～2019 年农业相关部门统计数据。

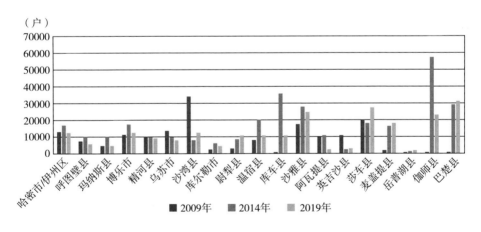

图 4-9　2009 年、2014 年和 2019 年棉花主产县市农民专业合作社带动
非成员农户数量情况

资料来源：2009 年、2014 年和 2019 年农业相关部门统计数据。

（4）农民专业合作社的平均劳动力数。

通过图 4-10 和图 4-11 可以看出，2009～2016 年新疆棉花主产县市农民专业

农业组织化对生产技术效率的影响研究

合作社的人员数量整体上出现了逐年增多的变化趋势。在 2017 年出现小幅下降后，2018 年又呈现上升趋势后，2019 年小幅减少。整体来看，北疆地区主产县市合作社人员数量整体上大于南疆主产县市作社人员数量，在 2017 年之后，北疆地区主产县市合作社人员数量出现了减少。2009 年农民专业合作社人员数量最多的是乌苏市，2014 年农民专业合作社人员数量最多的是呼图壁县，2019 年农民专业合作社人员数量最多的是沙雅县。

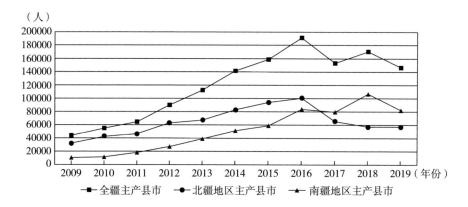

图 4-10 2009~2019 年棉花主产县市农民专业合作社人员数量变化情况

资料来源：2009~2019 年农业相关部门统计数据。

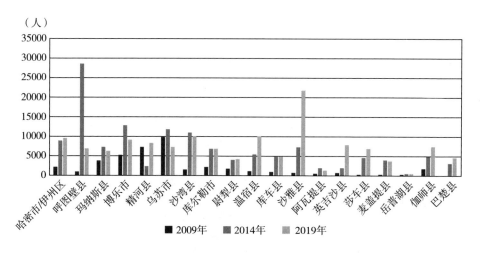

图 4-11 2009 年、2014 年和 2019 年棉花主产县市农民专业合作社人员数量情况

资料来源：2009 年、2014 年和 2019 年农业相关部门统计数据。

4.2.2.2　家庭农场

（1）家庭农场数量。

通过图 4-12 和图 4-13 可以看出，家庭农场数量在 2013~2015 年出现减少的现象，可能原因是 2013 年刚刚兴起家庭农场，对其概念和认证界定还不明确。但在 2016 年之后就出现了小幅上涨趋势，其原因可能是随着家庭农场概念以及认证界定的明确，加之农业现代化发展对新型经营主体的需求增多，家庭农场的数量也在不断增多。2013 年，棉花主产县家庭农场数量较多的是玛纳斯县和伽师县。2016 年，棉花主产县市家庭农场数量较多的是玛纳斯县和博乐市。2019 年，棉花主产县市家庭农场数量较多的仍然是玛纳斯县和博乐市。

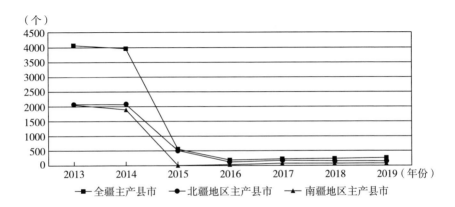

图 4-12　2013~2019 年棉花主产县市家庭农场数量变化情况

资料来源：2013~2019 年农业相关部门统计数据。

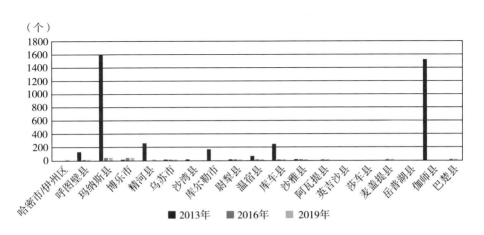

图 4-13　2013 年、2016 年和 2019 年棉花主产县市家庭农场数量情况

资料来源：2013 年、2016 年和 2019 年农业相关部门统计数据。

（2）家庭农场劳动力数量。

通过图 4-14 可以看出，家庭农场劳动力数量在 2013 年出现较大值，2014 年之后基本保持在一个稳定范围内，数量相对较小。

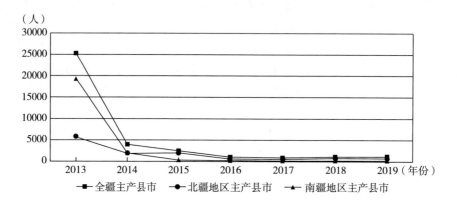

图 4-14　2013~2019 年棉花主产县市家庭农场劳动力数量变化情况

资料来源：2013~2019 年农业相关部门统计数据。

（3）家庭农场经营土地规模。

通过图 4-15 和图 4-16 可以看出，家庭农场经营面积在 2013~2014 年变化较大。2015~2017 年北疆地区和新疆整体出现经营规模下降的现象，2017 年之后基本上趋于稳定。南疆地区在 2015 年之后趋于稳定。2013 年，棉花主产县市家庭农场经营规模较大的是玛纳斯县。2016 年，棉花主产县市家庭农场经营规模较大的是呼图壁县。2019 年，棉花主产县市家庭农场经营规模较大的是博乐市。

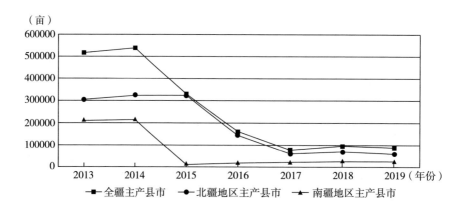

图 4-15　2013~2019 年棉花主产县市家庭农场经营土地规模变化情况

资料来源：2013~2019 年农业相关部门统计数据。

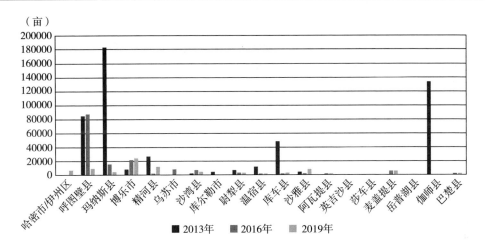

图 4-16　2013 年、2016 年和 2019 年棉花主产县市家庭农场净运营规模情况

资料来源：2013 年、2016 年和 2019 年农业相关部门统计数据。

4.2.2.3　专业协会

通过图 4-17 可以看出，2009~2019 年新疆棉花主产县市专业协会数量新疆主产县市总量和北疆地区主产县市数量整体上处于增多的趋势，而南疆地区主产县市专业协会数量 2012 年大幅上升后出现减少，但 2017 年之后又出现上升状态。新疆整体和北疆地区在 2010 年出现最大值。南疆地区主产县市在 2012 年出现了最大值。

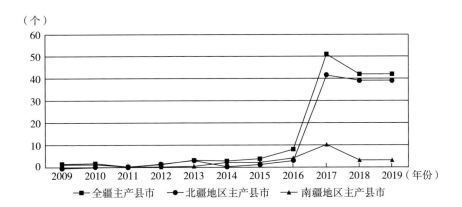

图 4-17　2009~2019 年新疆棉花主产县市专业协会数量变化情况

资料来源：2009~2019 年农业相关部门统计数据。

4.2.2.4　专业联合社

通过图 4-18 可以看出，2009~2017 年新疆棉花主产县市专业联合社数量和南北疆地区主产县市数量整体上处于上下浮动的趋势。2018 年小幅减少，但 2019 年之后又出现上升状态。

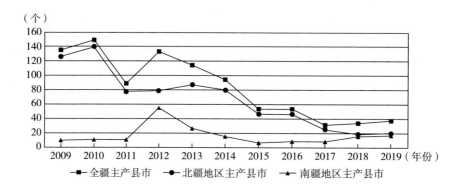

图 4-18　2009~2019 年新疆棉花主产县市专业联合社数量变化情况

资料来源：2009~2019 年农业相关部门统计数据。

4.2.2.5　农业生产托管服务

（1）农业生产托管规模情况。

2017~2019 年，农业生产托管规模在不断加大。无论是从总托管规模还是从耕、种、防、收各个环节，其生产托管面积都在不断扩大。由此可见，农户对社会化服务的需求越来越大（见表 4-5）。

表 4-5　农业生产托管规模情况　　　　　　　　　　　　单位：亩

年份	总面积	耕	种	防	收
2017	395796	417216	443834	316240	348664
2018	460055	481180	458800	395130	457193
2019	475566	495630	462530	412350	463210

资料来源：2017~2019 年农业相关部门统计数据。

（2）农业生产托管服务组织情况。

2017~2019 年，新疆农业生产托管集体经济组织总数量在不断增多。其中，农村集体经济组织形式的数量在不断增多，农民合作社形式的数量不断增多，农业企业形式数量先增多后减少。其他形式的农业生产托管数量也呈现先增多后减少趋势（见表4-6）。

表4-6　农业生产托管服务组织情况　　　　　单位：个

年份	服务组织总数量	农村集体经济组织数量	农民合作社数量	农业企业数量	其他
2017	312	1	203	0	108
2018	443	1	208	3	234
2019	455	2	250	2	203

资料来源：2017~2019年农业相关部门统计数据。

（3）农业生产托管服务面积情况。

2017~2019年，小农户接受农业生产托管服务的面积在不断增多。在耕、种、防、收各个环节，其生产托管面积都在不断扩大。由此可见，小农户生产托管服务的需求越来越大，小农户与现代农业发展的对接也越来越紧密（见表4-7）。

表4-7　小农户接受服务面积情况　　　　　单位：亩

年份	耕	种	防	收
2017	77334	112424	11880	25861
2018	326320	32000	32480	24000
2019	364939	321474	35430	26860

资料来源：2017~2019年农业相关部门统计数据。

4.3　本章小结

本章主要描述了新疆棉花生产现状、农业生产组织化的状况以及棉花生产技术状况。

4.3.1　新疆棉花种植生产状况

新疆种植棉花的主产县市主要集中在南北疆地区。在种植面积方面，新疆棉花种植面积2009~2014年基本呈现逐年增加的情况。在种植面积区域分布方面，南疆地区棉花种植面积一直稳居首位，比例占到新疆整体棉花种植面积的65%以上，最高的年份达 73%。北疆地区棉花种植面积占新疆整体种植面积的 25% 左右，最高的年份达 29%。在棉花产量方面，2009~2019 年，新疆棉花产量整体呈现增长趋势。2014 年棉花产量达到顶峰后略有减少，2017 年出现了小幅度上升之后又出现了下降的趋势。南疆地区棉花产量一直稳居新疆首位，最高产量达 235.46 万吨。北疆地区棉花产量次之，最高年产量达 101.28 万吨。在种植单位产量方面，2009~2019 年，棉花单位产量不同区域呈现差异。南疆地区单位产量水平相对于北疆较低。

4.3.2　农业生产组织化情况

从农业生产组织化模式和组织化规模两个角度对农业生产组织情况进行分析。从农业生产组织化模式方面，主要分析了农民专业合作社、家庭农场、专业协会、专业联合会和农业生产托管的状况。在农民专业合作社方面，主要分析了 2009~2019 年农民合作社的数量情况、农户数、分配利润、带动非社员农户数情况。在家庭农场方面，由于"家庭农场"的概念第一次在中央一号文件中出现是在 2013 年，因此就主要分析了 2013~2019 年家庭农场数量、劳动力数量、经营情况。2017 年，《农业部办公厅关于大力推进农业生产托管的指导意见》首次提出农业生产托管的概念，因此，本章主要分析了 2017~2019 年农业生产托管服务情况，从农业生产过程中托管服务的规模、组织情况和服务面积情况进行了分析。

4.3.3　新疆棉花生产技术的情况

主要从育种和种植生产技术两个方面进行梳理。鉴于资料搜集的限制，育种方面主要从品种情况和育种技术对 2015 年以来的情况进行简要阐述。种植生产技术主要阐述了 2010 年以来在棉花种植生产过程中的突破性成果，像"干播湿出"棉花种植技术、精量播种技术、化学脱叶催熟技术、棉花化学打顶技术、膜下滴灌技术和滴灌施肥技术等。

第5章 新疆棉花生产技术效率测算及时空差异性分析

本章根据第2章生产技术效率的概念、内涵，选择合适的计算方法，基于第4章现状数据，通过构建随机生产前沿函数来计算新疆棉花生产技术效率，并对其时空差异性进行分析。

5.1 新疆棉花生产技术效率测算

5.1.1 模型构建

全要素生产率可以分解为技术进步、技术效率、配置效率和规模效率。其中，技术效率是在技术不变的条件下给定一组投入集合，经济主体的实际产出与最大可能产出之比，可有效刻度经济主体对投入要素的综合利用能力。随机前沿函数在实现对生产过程精确描述的同时，纳入了经典白噪声选项，既充分考虑了随机因素对生产前沿面的影响，更能体现农业生产的本质特征，因而被广泛应用于农业生产的技术效率分析（刘超等，2018）。根据 Aigner 等（1977）、Battese 和 Coelli（1995）对随机生产前沿函数来计算效率的有关论证研究，在研究样本数据为平行数据的时候，随机前沿生产函数的大部分情况表示如下：

$$Y_{it} = \beta X_{it} + (V_{it} - U_{it}) \tag{5-1}$$

其中，Y_{it}、X_{it} 分别表示某一个样本 i 在 t 时期的产出矢量和投入矢量；β 表示等待被估计的参数值；V_{it} 表示随机扰动项，代表着外界无法控制、不易度量的影响因素，以及解释变量和其他一些不可控因素对被解释变量的影响因素的合集，它具有随机性，服从 $N(0, \sigma^2)$ 的正态分布；U_{it} 为技术损失的误差项，表示可以控制的影响因素，在计算技术非效率时经常会用，常以其服从半正态分布、对数分布或者截尾正态分布三种情况为假设前提。而 V_{it} 与 U_{it} 是互不影响，是分别独立的（阮华，2021；赵鑫等，2020；许佳彬和王洋，2021；闫晗等，2022）。

根据生产实践，棉花的生产情况受棉花生产过程中的单位人工成本、单位物质与服务成本、单位土地成本等因素的影响，根据现有数据资料以及数据的可获得性，本书选取了单位产量 Y_{it} 来作为产出指标，选择单位劳动用工 L_{it}、单位化肥用量 F_{it}、单位机械费用 K_{it} 作为投入变量指标。此处单位机械费用做消胀处理。随机生产前沿函数可以表达为：

$$Q_{it} = f(L_{it}, F_{it}, K_{it}; T) + V_{it} - U_{it} \qquad (5-2)$$

其中，T 表示时间变量；U_{it} 表示技术损失的误差项，代表非效率项，V_{it} 表示随机扰动项。当 $U_{it} = 0$ 时，表示技术的非效率并不存在，也就是说，此时系统的生产达到了最优的状态（阮华，2021；赵鑫等，2020；许佳彬和王洋，2021；闫晗等，2022）。在此基础上，构建了技术效率的函数 TE_{it}：

$$TE_{it} = \frac{E[f(L_{it}, F_{it}, K_{it}, T; \beta)] \exp(V_{it} - U_{it})}{E[f(L_{it}, F_{it}, K_{it}, T; \beta)] \exp(V_{it})} = \exp(-U_{it}) \qquad (5-3)$$

式（5-3）被称为随机前沿生产函数的 SFA 方法。在构建生产函数时，鉴于构建 C-D 生产函数所要求的前提条件比较多，加之 C-D 生产函数不能够将随机噪声和技术进步得以区别开来，因此，本书就选取形式相对灵活、兼具包容性并且拟合效果比较好的超越对数生产函数模型来开展论证研究。超越对数生产函数模型，已经被很多学者所采用来计算技术效率，而且它能够更好地将解释变量对被解释变量之间的交互作用呈现出来（阮华，2021；赵鑫等，2020；许佳彬和王洋，2021；闫晗等，2022）。将式（5-2）的两边进行取对数处理，得到如下表达式：

$$\ln Y_{it} = \beta_0 + \beta_1 \ln L_{it} + \beta_2 \ln F_{it} + \beta_3 \ln K_{it} + \beta_4 T + \frac{1}{2}\beta_5(\ln L_{it})^2 + \frac{1}{2}\beta_6(\ln F_{it})^2 +$$

$$\frac{1}{2}\beta_7(\ln K_{it})^2 + \frac{1}{2}\beta_8(T)^2 + \frac{1}{2}\beta_9 \ln L_{it}\ln F_{it} + \frac{1}{2}\beta_{10}\ln L_{it}\ln K_{it} +$$

$$\frac{1}{2}\beta_{11}\ln F_{it}\ln K_{it} + \beta_{12}T\ln L_{it} + \beta_{13}T\ln F_{it} + \beta_{14}T\ln K_{it} + V_{it} - U_{it} \qquad (5-4)$$

其中，Y 表示棉花的单位产量（公斤/亩）；L 表示棉花生产的单位人工投入（工日/亩）；F 表示棉花生产的化肥投入量（公斤/亩）；K 表示棉花生产的单位机械费用投入（元/亩），代表时间因素的变量为 T；V_{it} 表示随机扰动项，具有随机性，服从 $N(0, \sigma^2 v)$ 正态分布，主要用来测算外界无法控制、不易度量的影响因素；U_{it} 独立于 V_{it}，是技术损失的误差项，用来测度可以控制的影响因素的影响程度；在做模型估计和测算时，U_{it} 和 V_{it} 都属于误差项，不能测算其具体的数值大小。β_k（$k=0,1,\cdots,14$）为模型预估计的系数值。通常情况下，在做模型估计测算时都假设 U_{it} 服从 $E=m_{it}$，$S^2=\sigma^2 u$ 的半正态分布（田伟等，2010）。

m_{it} 为效率损失函数，其测度模型为：

$$m_{it} = \delta_0 + \sum \delta_j X_{jit} \tag{5-5}$$

其中，X_{jit} 表示影响生产单位 i 技术效率的第 j 个变量；δ_0 表示常数项，是有待测算估计的参数；δ_j 的大小和方向代表着第 j 个变量对生产技术效率的影响程度和影响方向。当 $\delta_j<0$ 时，表示第 j 个变量对生产技术效率有正向的促进作用，当 $\delta_j>0$ 时，表示第 j 个变量对生产技术效率产生了负向的影响（刘超等，2018）。

棉花种植生产过程中会受到很多种因素的影响，本书主要考虑以下几个影响因素：机械化水平 $mach_{it}$，即农业总动力/农作物播种面积（千瓦/亩）；农地经营规模 $scale_{it}$，即耕地面积/乡村人口（亩/人）；农业全社会固定资产投资比例 $fixed\text{-}R_{it}$；农业全社会固定资产投资/全社会固定资产投资之比（%）；第一产业就业人员比例 $pri\text{-}R_{it}$；第一产业就业人员数/乡村总就业人员数（%）；有效灌溉率 $irr\text{-}R_{it}$；有效灌溉面积与农作物总播种面积之比（%）。由此，技术效率损失函数可表示为：

$$m_{it} = \delta_0 + \delta_1 mach_{it} + \delta_2 scale_{it} + \delta_5 fixed\text{-}R_{it} + \delta_6 pri\text{-}R_{it} + \delta_7 irr\text{-}R_{it} \tag{5-6}$$

式（5-4）和式（5-6）中的系数值可由两式联立，用最大似然估计方法估计出来。

$$\sigma^2 = \sigma_V^2 + \sigma_U^2, \quad \gamma = \frac{\sigma_U^2}{\sigma_V^2 + \sigma_U^2} \tag{5-7}$$

Battese 和 Coelli（1995）通过研究推导，将似然函数和它的一阶求导所形成的函数用公式表达出来。在式（5-7）中，γ 表示随机扰动项中非技术效率占的比重，它的数值大小在（0，1）内。若 σ_V^2 的取值接近 0 的时候，γ 的值便接近于 1，此时说明函数的误差主要是由随机扰动项 U 造成的，也就是说，技术的非效率造成了生产函数模型计算出的实际产出与理想状态下的最大产出之间的差距。若 σ_U^2 的取值接近 0 的时候，γ 的值便接近于 0，此时说明，外界影响因素导致的统计误差造成了生产函数模型计算出的实际产出与理想状态下的最大产出之间的差距（田伟等，2010）。

5.1.2　数据来源

新疆的南北疆棉花主产区，包括昌吉州的呼图壁县、玛纳斯县，塔城的乌苏市、沙湾县，博州的博乐市、精河县，巴州的库尔勒市、尉犁县，阿克苏的温宿县、库车市、沙雅县、阿瓦提县，喀什的英吉沙县、莎车县、岳普湖县、麦盖提县、伽师县、巴楚县，哈密地区的哈密市/伊州区。考虑到样本数据的可获得性，从《新疆农牧产品成本收益资料汇编》中搜集整理这 19 个县市的棉花的单位产量 Y_{it}，单位劳动用工 L_{it}、单位化肥用量 F_{it}、单位机械费用 K_{it}（见表 5-1）。从区域角度来看，上述 19 个棉花主产县市中，其中有 17 个县市棉花的合计种植面积占新疆整体棉花种植面积的比例大于 90%，鉴于此，本书选择的数据具有代表性。棉花生产技术效率研究对象的范围涉及新疆北疆地区、南疆地区的 19 个县市。

表 5-1　变量说明

变量名称	符号	变量说明
单位产量（公斤/亩）	Y_{it}	—
单位劳动用工（工日/亩）	L_{it}	—
单位化肥用量（公斤/亩）	F_{it}	—
单位机械费用（元/亩）	K_{it}	—
机械化水平（千瓦/亩）	$mach_{it}$	亩均机械总动力
农地经营规模（亩/人）	$scale_{it}$	人均耕地规模
农业全社会固定资产投资比例（%）	$fixed\text{-}R_{it}$	农业全社会固定资产投资与全社会固定资产投资之比
第一产业就业人员比例（%）	$pri\text{-}R_{it}$	第一产业就业人员数与乡村就业人员总数之比
有效灌溉率（%）	$irr\text{-}R_{it}$	农作物有效灌溉面积与农作物总播种面积之比

资料来源：《新疆统计年鉴》《中国县域统计年鉴》（2010~2020 年）、2009~2019 年农业相关部门统计数据。

由表 5-2 可以看出，19 个棉花主产县市棉花的单位产量、单位劳动用工、单位化肥用量、单位机械费用均存在差异。

表 5-2　变量描述性统计

指标	均值	标准差	最小值	最大值
单位产量（公斤/亩）	114.4626	16.7959	69.7900	153.7300
单位劳动用工（工日/亩）	12.4083	3.6246	3.8600	25.3900

指标	均值	标准差	最小值	最大值
单位化肥用量（公斤/亩）	39.1577	9.2034	23.3300	84.1100
单位机械费用（元/亩）	124.2005	67.5997	48.3300	371.7500
机械化水平（千瓦/亩）	0.30468	0.1875	0.1065	1.24122
农地经营规模（亩/人）	14.6082	23.18	0.3297	106.1186
农业全社会固定资产投资比例（%）	0.065318	0.06184	0.000004	0.34962
第一产业就业人员比例（%）	0.8091	0.1288936	0.26626	0.99083
有效灌溉率（%）	0.71621	0.2514	0.02916	0.999999

资料来源：《新疆统计年鉴》《中国县域统计年鉴》（2010~2020 年）、2009~2019 年农业相关部门统计数据。

5.1.3　模型估计

通过前文构建的超越对数生产函数模型，结合搜集整理的数据资源，本部分通过 Frontier 4.1 对以上函数模型中的参数进行了估计，估计出结果如表 5-3 所示。由参数估计结果分析可知，σ^2 与 LR 在估计结果均通过了显著性水平为 1% 的检验，也就是说，以上运用 SFA 分析方法的超越对数生产函数模型进行效率是科学合理、有效可行的（吴园，2018）。

表 5-3　模型参数估计情况

系数	项目	估计值	标准差	T 值
β_0	截距	-4.6196	4.1765	-1.106
β_1	$\ln L_{it}$	1.7655 ***	1.0584	1.67
β_2	$\ln F_{it}$	2.891 *	1.2159	2.378
β_3	$\ln K_{it}$	0.1244	0.8022	0.155
β_4	T	0.2979 *	0.0897	3.34
β_5	$(\ln L_{it})^2$	-0.3578 ***	0.1864	-1.91
β_6	$(\ln F_{it})^2$	-0.6481 *	0.1994	-3.25
β_7	$(\ln K_{it})^2$	0.1956 ***	0.1161	1.68
β_8	$(T)^2$	-0.00025	0.0026	-0.095

续表

系数	项目	估计值	标准差	T值
β_9	$\ln L_{it}\ln F_{it}$	0.1424	0.2897	0.4916
β_{10}	$\ln L_{it}\ln K_{it}$	-0.41360**	0.2177	-1.89
β_{11}	$\ln F_{it}\ln K_{it}$	-0.1164*	0.2575	0.4522
β_{12}	$T\ln L_{it}$	-0.0262***	0.01415	-1.85
β_{13}	$T\ln F_{it}$	-0.0109	0.0162	-0.6784
β_{14}	$T\ln K_{it}$	-0.041*	0.01179	-3.502
δ_0	—	0.03517	0.2914	0.1207
δ_1	$mach_{it}$	-0.347***	0.344	1.81
δ_2	$scale_{it}$	0.0022	0.0013	1.01
δ_3	$irr-R_{it}$	-0.1933***	0.1323	-1.66
δ_4	$fixed-R_{it}$	-0.0077	0.3851	-0.02
δ_5	$pri-R_{it}$	0.1233	0.2871	0.4294
σ^2		0.037**	0.0186	1.98
γ		0.937*	0.03	30.11
log 似然函数值		175.18	—	—
LR		37.15	—	—

注：*、**和***分别表示在1%、5%和10%的水平下显著

资料来源：笔者计算所得。

 通过观察估计结果可以发现：函数模型中时间变量 t 的参数估计结果大于 0，并且其 T 值通过了显著性水平为 1%检验，这一结果表明，随着时间的推移，棉花的产出呈现增加的趋势。单位化肥投入量、单位人工投入系数估计结果大于 0，并且其 T 值通过了显著性水平为检验，这一结果表明，随着单位化肥投入量、单位人工投入的增加，棉花产量呈现上升的趋势。但两者的平方项的系数为负，并且其 T 值通过了显著性水平为检验，说明单位化肥投入、单位人工投入对棉花产量的增加并不是一直持续的，他们与棉花产量的关系呈现倒"U"型的非线性变化。单位机械费用 K_{it} 的影响系数 β_3 为 0.1244，并且其平方项的系数为正，说明在棉花种植中，随着机械投入的增加，棉花产出的增加会提高。

5.1.4　技术效率分析

通过式（5-4）计算出新疆 19 个棉花主产县市在样本考察期内的棉花种植生产技术效率。计算结果如表 5-4 所示。从新疆整体层面来看，新疆棉花生产技术效率总体上在提高，从 2009 年的 0.856 提高到 2019 年的 0.930，年均提高 0.83%。2009～2019 年整体出现了"上升—下降—上升—下降"的阶段性变化（见图 5-1）。为进一步观察新疆棉花生产技术效率，从棉花种植的两个区域来看，北疆地区棉花生产平均技术效率为 0.90，南疆地区棉花生产平均技术效率为 0.87。

表 5-4　2009～2019 年新疆棉花生产技术效率测度值

区域	年份 县市	2009	2010	2011	2012	2013	2014	2015	2016	2017	2018	2019
北疆地区	哈密市/伊州区	0.907	0.790	0.905	0.928	0.955	0.908	0.902	0.939	0.939	0.931	0.949
	呼图壁县	0.747	0.780	0.920	0.960	0.955	0.940	0.943	0.929	0.973	0.915	0.915
	玛纳斯县	0.812	0.756	0.796	0.937	0.871	0.921	0.803	0.966	0.962	0.951	0.929
	博乐市	0.844	0.785	0.868	0.928	0.937	0.883	0.729	0.846	0.963	0.934	0.959
	精河县	0.834	0.834	0.916	0.978	0.933	0.916	0.870	0.937	0.972	0.945	0.901
	乌苏市	0.902	0.925	0.853	0.970	0.888	0.914	0.889	0.904	0.966	0.953	0.915
	沙湾县	0.820	0.960	0.841	0.972	0.935	0.965	0.774	0.898	0.964	0.869	0.939
	平均值	0.838	0.833	0.871	0.953	0.925	0.921	0.844	0.917	0.963	0.929	0.930

续表

区域	年份 县市	2009	2010	2011	2012	2013	2014	2015	2016	2017	2018	2019
南疆地区	库尔勒市	0.834	0.931	0.961	0.954	0.952	0.868	0.861	0.964	0.981	0.809	0.954
	尉犁县	0.928	0.931	0.961	0.957	0.952	0.944	0.948	0.976	0.982	0.707	0.953
	温宿县	0.863	0.875	0.875	0.968	0.875	0.862	0.715	0.968	0.948	0.929	0.963
	库车县	0.943	0.872	0.814	0.930	0.783	0.777	0.665	0.848	0.878	0.923	0.914
	沙雅县	0.929	0.876	0.874	0.967	0.877	0.895	0.786	0.897	0.950	0.935	0.937
	阿瓦提县	0.785	0.871	0.874	0.967	0.873	0.893	0.743	0.886	0.953	0.955	0.968
	英吉沙县	0.790	0.676	0.788	0.843	0.857	0.624	0.604	0.807	0.853	0.826	0.965
	莎车县	0.772	0.678	0.784	0.842	0.858	0.814	0.684	0.707	0.842	0.680	0.894
	麦盖提县	0.925	0.839	0.785	0.838	0.955	0.967	0.928	0.961	0.950	0.937	0.939
	岳普湖县	0.895	0.674	0.786	0.834	0.859	0.943	0.738	0.922	0.953	0.894	0.915
	伽师县	0.880	0.931	0.791	0.860	0.938	0.949	0.758	0.893	0.960	0.906	0.877
	巴楚县	0.848	0.936	0.789	0.858	0.933	0.911	0.726	0.809	0.884	0.887	0.879
	平均值	0.860	0.825	0.824	0.898	0.886	0.870	0.749	0.876	0.923	0.891	0.926
新疆整体平均		0.856	0.838	0.852	0.921	0.904	0.889	0.793	0.898	0.941	0.889	0.930

资料来源：笔者计算所得。

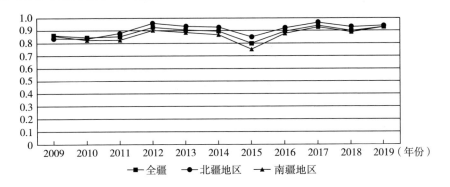

图 5-1   新疆棉花生产技术效率趋势

资料来源：笔者计算所得。

根据以上棉花生产技术效率观察期内的平均指标值，将 19 个棉花主产县市棉花生产技术效率分为三个等级。具体分类标准和结果如表 5-5 所示。这里棉花生产技术效率用 TE 来表示。

表 5-5   新疆各县市棉花生产技术效率等级划分情况

范围	县市
TE>0.9	哈密市/伊州区、呼图壁县、精河县、乌苏市、沙湾县、库尔勒市、尉犁县、沙雅县、麦盖提县
0.9<TE≤0.8	玛纳斯县、博乐市、温宿县、阿瓦提县、岳普湖县、伽师县、巴楚县、库车县
0.8<TE≤0.75	英吉沙县、莎车县

资料来源：笔者计算所得。

5.2   新疆棉花生产技术效率时空差异性分析

5.2.1   新疆棉花生产技术效率的基尼系数分析

5.2.1.1   研究方法

本节研究依据 Dagum（1997）提出对基尼系数按子群分解的方法，实证测度新疆棉花生产技术效率空间分异程度。针对传统基尼系数和泰勒指数存在的不足和问题，Dagum 提出的基尼系数方法不仅可以避免样本间的交叉重叠问题，还可以找出存在差异的来源。在 Dagum 基尼系数分析方法中，为了更精准地研究空间差异的类型和摸清差异形成的原因，学者通常将差异分为三类：区域内差异、区域间差异以及超变密度（刘华军和杜广杰，2017）。具体计算公式参考刘华军和杜广杰（2017）、杨骞和秦文晋（2019）的研究。

Dagum 基尼系数方法的公式表达如下：

$$G = \frac{\sum_{j=1}^{k} \sum_{h=1}^{k} \sum_{i=1}^{n_j} \sum_{r=1}^{n_h} |y_{ji} - y_{hr}|}{2n^2 \bar{y}} \tag{5-8}$$

其中，G 表示总体的基尼系数；k 表示所划分的区域数量；n 表示所有县市数；$n_j(n_h)$ 表示区域 j(h) 内的县市数；$y_{jk}(y_{hr})$ 表示 j(h) 区域第 i(h) 县市的棉花生产技术效率；$\bar{y}$ 表示所有县市棉花生产技术效率的平均值。

区域内差异贡献 G_w、区域间差异贡献 G_{nb} 和超变密度贡献 G_t 三部分组成了总体基尼系数 G，且 $G = G_w + G_{nb} + G_t$。G_{jj} 表示区域 j 的基尼系数；G_{jh} 表示区域 j 和区域 h 之间的基尼系数；D_{jh} 表示区域 j 和 h 之间棉花生产技术效率的相互影响。

$$G_{jj} = \frac{\frac{1}{2\bar{Y_i}} \sum_{i=1}^{n_j} \sum_{r=1}^{n_j} |y_{ji} - y_{jr}|}{n_j^2} \tag{5-9}$$

$$G_{jh} = \frac{\sum_{i=1}^{n_j} \sum_{r=1}^{n_h} |y_{ji} - y_{hr}|}{n_j n_h (\bar{Y_j} + \bar{Y_h})} \tag{5-10}$$

$$G_{nb} = \sum_{j=2}^{k} \sum_{h=1}^{j-1} G_{jh}(p_j s_h + p_h s_j) D_{jh} \tag{5-11}$$

$$G_w = \sum_{j=1}^{k} G_{jj} p_j s_j \tag{5-12}$$

$$G_t = \sum_{j=2}^{k} \sum_{h=1}^{j-1} G_{jh}(p_j s_h + p_h s_j)(1 - D_{jh}) \tag{5-13}$$

$$D_{jh} = \frac{d_{jh} - p_{jh}}{d_{jh} + p_{jh}} \tag{5-14}$$

$$d_{jh} = \int_0^\infty dF_h(y) \int_0^y (y - x) dF_j(x) \tag{5-15}$$

$$d_{jh} = \int_0^\infty dF_j(y) \int_0^y (y - x) dF_h(x) \tag{5-16}$$

其中，$s_j = \dfrac{n_j \overline{Y_j}}{n\mu}$，$p_j = \dfrac{n_j}{n}$。

函数 F 是区域的棉花生产技术效率的累计概率密度函数，d_{jh} 表示区域之间棉花生产技术效率的差值，即区域 j 和 h 中所有 $y_{ji} - y_{hr} > 0$ 的样本值加总的数学期望；p_{jh} 表示超变一阶矩，即区域 j 和 h 中所有 $y_{ji} - y_{hr} < 0$ 的样本值加总的数学期望（马玉林和马运鹏，2021）。

采用以上基尼系数法测度南北疆地区棉花种植区域棉花生产技术效率的区域差异及贡献率。结果如表 5-6 所示。

表 5-6　南北疆地区棉花生产技术效率的预期差异及贡献率

年份	总体 G	组内差异		总体基尼系数结构			贡献率（%）		
		北疆地区	南疆地区	区域内	区域间	超变密度	区域内	区域间	超变密度
2009	0.030	0.038	0.018	0.012	0.013	0.005	41	42	17
2010	0.060	0.050	0.060	0.031	0.002	0.028	51	4	45
2011	0.040	0.030	0.040	0.020	0.008	0.011	50	21	28
2012	0.031	0.012	0.034	0.031	0.150	0.003	48	42	10
2013	0.030	0.017	0.031	0.015	0.008	0.005	52	30	19
2014	0.040	0.014	0.054	0.023	0.013	0.006	55	31	14
2015	0.070	0.048	0.071	0.034	0.024	0.012	49	34	17
2016	0.040	0.021	0.048	0.022	0.008	0.01	55	20	26
2017	0.020	0.005	0.027	0.011	0.009	0.002	52	39	9
2018	0.040	0.015	0.053	0.023	0.016	0.004	53	38	9
2019	0.040	0.045	0.04	0.019	0.003	0.018	51	8	41

资料来源：笔者计算所得。

5.2.1.2　新疆棉花生产技术效率的总体差异和区域内差异

新疆及南北疆地区棉花生产技术效率的基尼系数演变趋势如图 5-2 所示。观测期内新疆棉花生产技术效率整体上呈现"上升—下降—上升—下降—上升"的阶段变化趋势。2009~2010 年新疆棉花生产技术效率上升，2012 年出现小范围的降低之后 2013 年又上升，2015 年达到最大值后又下降，直到 2017 年降到样本期内最小值，基尼系数降至 0.02，2017 年之后又出现了大幅上升，到 2019 年基尼系数上升至0.04。从北疆地区和南疆地域来看，北疆地区棉花生产技术效率基尼系数与新疆整体表现基本保持一致的变化趋势，但其基尼系数2017年到达最低。南疆地区棉花生产基尼系数与新疆整体表现基本保持一致的变化趋势，仅2019年出现了下降。从数值大小来看，观测期间南疆地区的基尼系数均值为0.04，北疆地区为0.03，这表明南疆地区棉花生产技术效率存在的不均衡现象三者之中最为突出，北疆地区次之。

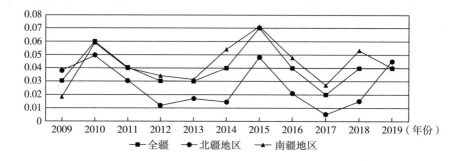

图 5-2　2009~2019 年全疆及南北疆地区棉花生产技术效率区域内基尼系数差异及演变趋势
资料来源：笔者计算所得。

5.2.1.3　新疆棉花生产技术效率的区域差异来源及贡献率

图5-3展示了新疆棉花生产技术效率差异的来源及贡献率。从差异来源的演变过程来看，区域间差异和超变密度的贡献率波动较大，且曲线变化趋势呈现对称分布，而各区域内差距的贡献率变化相对稳定。从各差异贡献率变化来看，区域内差异基本保持不变。观测期内，区域间差异贡献率呈现"上升—下降—上升—下降—上升—下降—上升"的变化趋势，2010 年和 2019 年基本在最低

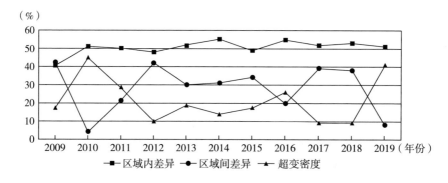

图 5-3　2009~2019 年新疆棉花生产技术效率区域间差异来源及贡献率
资料来源：笔者计算所得。

点，贡献率在 5% 左右，2012 年贡献率相对最高，在 40% 以上。超变密度反映的是不同县市之间相互影响、相互渗透作用下对总体差距产生的影响。在整个研究期间，区域间差异贡献率的平均值为 8%，区域内差异贡献率的平均值为 51%，超变密度差异贡献率的平均值为 41%。由此可见，导致新疆棉花生产技术效率的总体空间差异最主要原因是区域内差异，影响相对最小的是超变密度。

5.2.2　新疆棉花生产技术效率的收敛性分析

为了能够进一步准确了解棉花生产技术效率在时间和空间上的分布和变化情况，本节接下来将着重对这一问题进行深入探究。换言之，也就是进一步揭示其收敛特征。索洛在 1956 年新古典增长模型中提出收敛的概念，其模型认为随着要素投入的边际报酬不断降低，技术也变得越来越公共，经济增长将趋于一个稳定的平衡状态，而且，随着距离平衡状态的增加，经济增长的速度也将变得更快（温琦，2009b）。当前，学术界正在积极探索收敛问题，并将其重点放在理论和实证研究上，其中 α 收敛性分析和 β 收敛性分析是最常见的收敛模型，并且在文献和研究中得到了广泛应用。

5.2.2.1　α 收敛性分析

在 α 收敛检验中，相关的一般指标主要包括变异系数、标准差和泰尔指数等，它能够表达不同区域之间棉花生产技术效率提升快慢的程度。鉴于变异系数能够比较不同量纲之间的数据指标，所以本节运用变异系数这一方法分析观测期内新疆棉花生产技术效率的 α 收敛性。如果随着时间向前推移，反映离散程度的变异系数在不断减小，则说明存在 α 收敛（苏屹等，2021），变异系数公式表达如下：

$$\delta_t = \sqrt{\frac{1}{N-1}\sum_{i=1}^{N}\left(E_{i,t} - \overline{E_t}\right)^2} \tag{5-17}$$

$$CV = \frac{\delta_t}{\overline{E_t}} \tag{5-18}$$

其中，δ_t 表示技术效率标准差；$E_{i,t}$ 表示第 i 个县市第 t 年棉花生产技术效率值；E_t 表示第 t 年所有县市棉花生产技术效率均值；N 表示棉花生产县市的个数；CV 表示变异系数。

图 5-4 呈现了新疆棉花生产技术效率变异系数的动态变化情况。从整体变化情况来看，随着时间的推移，系数呈现"上升—下降—上升—下降—上升—下降"的变化趋势。样本观测期内，末期 2019 年相较于基期 2009 年，棉花生产技术效率出现了明显的下降，下降幅度为 0.038，下降了 55.37%。说明新疆整体地区棉花生产技术效率存在 α 收敛。

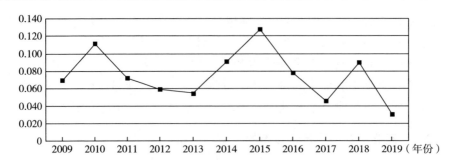

图 5-4　棉花生产技术效率变异系数演变趋势

资料来源：笔者计算所得。

5.2.2.2　传统 β 敛性分析

β 收敛主要包括绝对 β 收敛和条件 β 收敛两种类型。鉴于空间影响效应的考虑，β 收敛也可分为传统 β 收敛和空间 β 收敛。因此，β 收敛可以分传统的绝对β 收敛和条件 β 收敛，空间绝对 β 收敛和条件 β 收敛。鉴于此，本书先进行传统β 收敛的分析，在采用传统 β 收敛模型进行分析的基础上，通过引入空间计量经济学概念，进一步开展空间 β 收敛检验。

（1）传统绝对 β 收敛。

通过绝对 β 收敛，我们可以探究某一变量在特定时间段内的发展趋势是否相同，以及它们是否会朝着一个稳定的方向发展。本书运用绝对 β 收敛，主要是为了验证新疆整体及三个植棉区域棉花生产技术效率是否会向同一稳态水平趋同。检验是否存在绝对 β 收敛的模型如下：

$$\frac{1}{T}\ln\left(\frac{TE_{it}}{TE_{i0}}\right)=\alpha+\beta\ln TE_{i0}+\varepsilon \tag{5-19}$$

其中，TE_{i0} 和 TE_{it} 分别表示 i 县市首期和末期的棉花生产技术效率；T 表示样本研究期的时间长度；α 表示常数项；β 表示收敛系数；ε 表示随机误差项。绝对 β 收敛速度 $\lambda=-\ln(1+\beta)/T$，收敛的半生命周期 $\tau=\ln(2)/\lambda$，用于表示技术效率低的地区追赶上技术效率高的地区所需要的时间（苏屹等，2021；于善波和张军涛，2021）。

表 5-7 显示了观测期内新疆整体层面和两个植棉区域棉花生产技术效率绝对β 收敛的检验结果。根据以上检验结果可以看出，新疆整体及南北疆地区棉花生产技术效率 β 收敛系数均小于 0，并且其系数的 P 值都小于 0.01，也就是说，新疆整体以及南北疆地区棉花生产技术效率都是绝对 β 收敛的，各县市棉花生产技术效率具有"追赶效应"。也就是说，低水平生产技术效率的棉花主产县市的技

术效率增长速度要比高水平生产技术效率棉花种植县市快，县市之间的差距在不断减小。

表 5-7　不同区域传统的绝对 β 收敛和条件 β 收敛结果情况

变量名	新疆整体		北疆地区		南疆地区	
β	−0.5133*	−0.5447*	−0.5265*	−0.5227*	−0.501*	−0.5523*
	(−11.71)	(−13.06)	(−7.76)	(−7094)	(−8.77)	(−10.06)
fixed-R	—	−0.029	—	−0.132	—	−0.028
		(−3.16)		(−1.93)		(−2.73)
pri-R	—	0.022	—	0.04	—	0.019
		(0.76)		(0.72)		(0.43)
irr-R	—	0.078	—	0.065	—	0.079
		(4.21)		(1.52)		(3.27)
R^2	0.7239	0.8037	0.8116	0.8353	0.7619	0.8030

注：＊表示在 1% 的水平下显著。

资料来源：笔者计算所得。

绝对 β 收敛分析是在各县市经济发展水平、环境等因素基本相同的假设前提下做出的测算和论证。但是，事实上不同的棉花主产县市这些影响因素可能会有着比较大的差别，而这些差别可能会降低测算结果的准确性和真实性。因此，应该考虑将各县市经济发展水平、环境因素等这些因素纳入实证研究的考虑范围，将其作为控制变量来开展研究。鉴于以上分析，就有必要对其收敛性开展更深入的研究分析检验，也就是条件 β 收敛性分析。

（2）传统条件 β 收敛。

与绝对 β 收敛性相比，条件 β 收敛性是在考虑不同县市、不同区域个体间存在的差异性及差异的持续性。

表 5-7 显示了观测期内新疆整体层面和两个植棉区域棉花生产技术效率条件 β 收敛的检验结果。根据以上检验结果可以看出，新疆整体及南北疆地区棉花生产技术效率条件 β 收敛系数均小于 0，并且通过了 1% 的显著性水平检验。检验结果说明，将样本县市社会经济发展状况、环境等这些因素的不同纳入模型考察范围内以后，新疆整体、南北疆地区棉花生产技术效率均存在条件 β 收敛现象，也就是说，新疆整体、北疆地区以及南疆地区棉花生产技术效率都有自己的稳态水平，并且都最终会回归于这一水平。

5.2.2.3 空间 β 敛性分析

本节将选用 SAR 模型在距离权重矩阵对棉花生产技术效率的空间收敛性进行分析。绝对 β 收敛和条件 β 收敛的空间滞后模型的基本公式如下：

$$\ln\left(\frac{TE_{it+1}}{TE_{it}}\right) = \alpha + \beta \ln TE_{it} + \rho W\left(\ln\left(\frac{TE_{it+1}}{TE_{it}}\right)\right) + \varepsilon_{it} \tag{5-20}$$

$$\ln\left(\frac{TE_{it+1}}{TE_{it}}\right) = \alpha + \beta \ln TE_{it} + \rho W\left(\ln\left(\frac{TE_{it+1}}{TE_{it}}\right)\right) + \gamma X_{it} + \varepsilon_{it} \tag{5-21}$$

其中，W 表示 n×n 阶的空间权重矩阵；ρ 表示空间滞后系数，反映的是研究对象在空间上相互影响、相互依存的情况；ε_{it} 表示随机误差项（于善波和张军涛，2021）。鉴于东疆地区样本数量较少，单独研究空间相关性意义不是很大，这里就只分析了新疆整体层面和南北疆地区农业组织化水平空间收敛性。

（1）空间绝对 β 收敛。

表 5-8 显示了观测期内新疆整体层面和南北疆地区棉花生产技术效率空间绝对 β 收敛的检验结果。根据以上检验结果可以看出，新疆整体及南北疆地区棉花生产技术效率空间绝对 β 收敛系数均小于 0，由此表明，新疆整体、北疆地区以及南疆地区棉花生产技术效率均存在空间绝对 β 收敛现象，这也意味着新疆整体各县市棉花生产技术效率最终将收敛于同一稳态水平。

表5-8　不同区域空间绝对 β 收敛结果情况

变量名	新疆整体	北疆地区	南疆地区
β	−0.3773* (−7.26)	−0.4783* (−4.97)	−0.4004* (−7.05)
R^2	0.5100	0.5513	0.5044
log-likelihood	233.0564	66.6230	145.6438

注：∗表示在1%的水平下显著。

资料来源：笔者计算所得。

（2）空间条件 β 收敛。

表 5-9 显示了观测期内新疆整体层面和南北疆地区棉花生产技术效率空间条件 β 收敛的检验结果。根据以上检验结果可以看出，新疆整体及南北疆地区棉花生产技术效率空间条件 β 收敛系数均小于 0。也就是说，将样本县市社会经济发展状况、环境因素、科技发展水平等这些因素的不同纳入模型考察范围内以后，新疆整体、北疆地区和南疆地区棉花生产技术效率均存在空间条件 β 收敛现象，也就是说，新疆整体、北疆地区以及南疆地区棉花生产技术效率都有自己的稳态

水平，并且会最终回归于这一水平。在控制变量方面，新疆整体层面以及南北疆地区中各个控制变量的系数和显著性水平有所不同。农业固定资产投资比例在新疆整体和南疆区域为负，且都通过了显著性检验，跟绝对条件 β 收敛结果一致。

表5-9　不同区域空间条件 β 收敛结果情况

变量名	新疆整体	北疆地区	南疆地区
β	−0.3869*	−0.5975*	−0.4135*
	(−7.72)	(−5.31)	(−7.29)
fixed-R	−0.054*	−0.208	−0.0445*
	(−3.63)	(−1.42)	(−3.22)
pri-R	−0.0315	0.0423	−0.0742
	(−0.7)	(0.44)	(−1.23)
irr-R	0.0008	0.121	0.00025
	(0.03)	(1.18)	(0.01)
R^2	0.5610	0.6532	0.5915
log-likelihood	242.4239	71.5485	154.1066

注：＊表示在1%的水平下显著。

资料来源：笔者计算所得。

5.3　本章小结

本章通过构建超越对数随机前沿生产函数模型，对新疆 19 个棉花主产县市 2009~2019 年的棉花生产技术效率进行估计。在此基础之上，一方面剖析新疆棉花生产技术效率总体差异大小以及差异的来源；另一方面，通过收敛分析考察棉花生产技术效率时空格局的演变趋势。研究发现：

第一，从新疆整体层面来看，过去 11 年，新疆棉花生产技术效率总体在提高，从 2009 年的 0.856 提高到 2019 年的 0.930，年均提高 0.83%。2009~2019 年整体出现了"上升—下降—上升—下降"的阶段性变化。进一步观察新疆棉花生产技术效率，从棉花种植的两个区域来看，北疆地区棉花生产平均技术效率为 0.90，南疆地区棉花生产平均技术效率为 0.87。

第二，为了进一步剖析新疆棉花生产技术效率总体差异大小以及差异的来源，本书采用了基尼系数及其分解法对其进行科学测算与分解。从数值大小来看，观测期间南疆地区的基尼系数均值为 0.04，北疆地区为 0.03，这表明南疆地区棉花生产技术效率存在的不均衡现象三者之中最为突出，北疆地区次之。在整个研究期间，区域间差异贡献率的平均值为 8%，区域内差异贡献率的平均值为 51%，超变密度贡献率的平均值为 41%。由此可见，导致新疆棉花生产技术效率的总体空间差异最主要原因是区域内差异，影响相对最小的是超变密度。

第三，为了能够进一步准确了解棉花生产技术效率在时间和空间上的分布和变化情况，本章对棉花生产技术效率开展了收敛性分析。在 α 收敛方面，随着时间的推移，系数呈现"上升—下降—上升—下降—上升—下降"的变化趋势，2019 年相较于 2009 年下降了 0.038，下降幅度为 55.37%。说明新疆整体棉花生产技术效率存在 α 收敛。在传统 β 收敛方面，新疆整体、北疆地区和南疆地区棉花生产技术效率均存在绝对 β 收敛的现象，各县市棉花生产技术效率具有"追赶效应"，也就是说各区域在城镇化水平、经济发展水平等影响因素相似的情形下，其变化发展会随着时间推移最终会趋于相同的稳态均衡水平。新疆整体、北疆地区以及南疆地区棉花生产技术效率均存在条件 β 收敛现象，也就是说，新疆整体、北疆地区以及南疆地区棉花生产技术效率都有自己的稳态水平，并且都最终会回归于这一水平。在空间 β 收敛方面，无论是空间绝对 β 收敛还是空间条件 β 收敛，新疆棉花生产技术效率都存在着空间 β 收敛现象。

第6章 新疆棉花主产县市农业组织化 评价及时空差异性分析

本章根据第2章农业组织化的概念、意义和特点，在阅读相关文献和咨询相关专家的基础上，构建新疆棉花主产县市农业组织化水平综合评价指标体系，基于现状数据，对新疆棉花主产县农业组织化水平进行测算，并对其时空差异性进行分析。

6.1 农业组织化水平的评价

6.1.1 评价指标的构建及指标解释

6.1.1.1 评价指标体系构建的目的

组织化是推动农业产业发展的主要途径。学者的研究及现实生产实践都表明，农业组织化不仅能够带动农民生产积极性，增加农民的收入而且可以推动棉花全产业链的发展，实现经济的稳定可持续发展。因此，农业组织化不仅要注重农业生产效益的提高，而且也应该不断推动生产经营组织化水平的提高。本节以新疆19个棉花主产县市为样本，综合评价其农业组织化程度。综合评价体系构建的目的，一方面对这19个县市生产经营组织化水平情况进行评价，另一方面找出影响农业组织化水平提升的障碍性因素，以及在农业组织化过程中存在的一些问题，为下一步提高生产经营组织化水平提出科学精准的发展对策。构建农业组织化水平综合评价指标体系，不仅要考虑到新疆农业发展的实际，设计指标的科学合理性，而且还要考虑数据可获得性和连续性。

6.1.1.2 评价指标体系构建的原则

农业组织化水平的综合评价，不仅要结合样本县市农业生产发展的实际情况，而且还要能够真实反映生产经营组织化水平。综合评价指标体系不仅要涉及生产全产业链的过程，而且还要考虑每一环节生产的实际情况。鉴于以上原因，综合评价指标体系不仅要科学、合理、系统而且还要具有可操作性。其在设计时必须坚持以下几点原则：

第一，科学性原则。评价指标的确定应当综合探究、考量棉花种植县市农业生产过程中的现实情况，应当考虑到农业生产是一个全产业链发展的过程。只有这样，才能真正摸清样本县市的农业组织化发展的真实水平。

第二，可行性原则。在构建评价指标体系时，由于不同的指标反映的情况有所不同，因此，在选择确定指标的时候，一方面要考虑指标的普遍适用性，另一方面要考虑指标体系在横向和纵向方面的可对比性。在横向方面，可以对比不同县市在同一年发展情况的对比。在纵向方面，可以对比同一县市在不同年份之间的发展速度。通过横向对比和纵向对比，使得对指标数据的分析更加科学合理、有效客观。

第三，主导性原则。综合评价指标体系是综合反映农业组织化水平状况的。影响农业组织化水平的因素相对比较多，同时每一个影响因素对其影响大小和方向也有所差别。因此，在确定评价指标的时候，应当选择对农业组织化水平影响程度相对较大的影响因素。同时也要选取具有代表性、相关性强的影响因素，使得评价指标体系更具有科学性。

第四，系统性原则。农业组织化是一个系统性的全产业链生产的过程，涉及生产之前物资的准备、生产过程中物资的投入、产中管理以及产后农产品的销售等环节。因此，评价生产经营组织化水平必须考虑到评价指标体系的整体性和系统性。

6.1.1.3 评价指标体系的设计

本书在整理阅览相关理论研究和应用实践研究的基础上，借鉴温琦（2009b）、于善波和张军涛（2021）的做法，通过咨询行内专家，结合所需数据的可获得性，从农业生产经营组织化所包含的农业活动过程组织化和农业生产经营组织化载体两个方面构建了组织化程度的评价指标体系。具体指标选择及解释如表6-1所示。

表 6-1 农业组织化评价指标体系

目标层	一级指标	二级指标	三级指标	指标算法
农业组织化程度评价指标	农业生产经营组织化所包含的活动（A_1）	综合指标（B_1）	组织参与度（C_1）	参与组织的农户数/农户总数量
			组织分配农户的利润比重（C_2）	组织分配农户利润/组织总利润
	农业生产经营组织化载体（A_2）	组织（B_2）	组织数量（C_3）	—
		农户（B_3）	组织成员规模（C_4）	组织成员数量/组织数
			带动非组织成员比例（C_5）	带动非组织成员农户数量/农户总数量

6.1.1.4 评价指标的解释

温琦（2009b）认为可以通过对某一组织主体出发，对其进行评价。但是在实施评价的过程中，如何更合理地选择组织主体，不能以分散的小农户为评价对象，也不能以比例较小的农业企业、家庭农场为主，而应当选择农民专业合作组织，因为它是提高农业生产经营组织化程度最重要的主体，也是农业组织中所占比例最大的农业组织。因此，本书也借鉴了这种做法。同时，在新疆棉花主产县市，农业专业合作社基本上是围绕棉花生产为主，加之农民专业合作社作为当前和今后我国组织化主体的主要形式，在农业生产组织主体中占据着重要地位。另外，通过现有数据发现样本期内，农业专业合作社数量与棉花单产变化趋势基本一致（见图6-1），因此，以上操作相对合理。

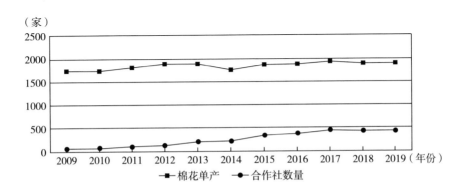

图 6-1 2009～2019 年新疆棉花主产县市棉花单产与合作社数量变化趋势

资料来源：《新疆统计年鉴》（2010～2020 年）、2009～2019 年农业相关部门统计数据。

（1）组织参与度。

组织参与度是指参与农业生产经营组织的农户数量与总农户之比。它反映的是农户参与农业组织的程度。通常情况下，组织参与度越高，就代表农户的组织化情况越好。在一些发达国家，农户基本上加入了农业生产经营组织，即农民专业合作社（温琦，2009b）。

（2）组织分配农户利润比重。

农业生产经营组织在生产经营中获取利润后，一般会向组织成员发放分配，可能按经由组织销售的产品数量进行分配，或者按照经由组织销售的产品价值进行分配，或者按照供给组织的资金份额进行分配。在刚开始为了增强组织实力和促进组织的快速发展，组织应留有较大盈余（公共积累）以扩大再生产；当组织实力增强后，组织再加大利润分配力度。由于目前农业生产经营组织中以合作性质的组织居多，所以本节以该类组织作为指标确定的依据（温琦，2009b）。

（3）组织数量。

新疆农业生产经营组织的数量和类型相对比较多。但是，其中有一大部分的组织都相对不规范，名存实亡。自2007年《农民专业合作社法》实施以来，农民专业合作社的发展相对比较迅速，有鉴于此，本书以农民专业合作社的数量作为该指标的确定依据（温琦，2009b）。

（4）组织成员规模。

组织成员规模是组织成员数量总数除以组织数量。按照生产实践，组织成员规模应该在初期是不断壮大的，但也不是一直无限扩大，到最后会趋于一个平稳的状态（温琦，2009b）。

（5）带动非组织成员比例。

该指标反映的是合作社的带动能力，其带动能力越强，县域内组织化程度就会相对越高。

6.1.2 指标权重的确定——熵权法

在进行组织化综合评价时，本书采用客观性相对较强的熵权法。熵权法是在传统的优劣解距离法的基础上进行完善，能够将各个评价指标的重要性在整个评价体系中予以体现，它能够将所指标权重随时间变化的情况得以表达出来（巫景飞和汪晓月，2022），同时也能够将评价指标体系中各指标所包含的信息的真实情况有效地展现出来（曾建丽等，2021）。杨丽和孙之淳（2015）提出的新方法，结合时间因素克服了传统熵值法无法有效处理面板数据的局限，并且可以有效地对各个年份的样本进行对比，从而使得数据的分析更具有可靠性、可信性和可行性。本章采用杨丽和孙之淳完善后的办法来将各指标的权重求出来，其具体的计算过程如下：

第一，指标选取：设有 p 个年份、m 个县市、n 个指标，则 $X_{\beta ij}$ 表示 β 年县市 i 的第 j 个指标值。其中，β = 2009，…，2019；i = 1，…，m；j = 1，…。

第二，指标的标准化处理。

$$y_{\beta ij} = \frac{x_{\beta ij} - \min(x_{\beta 1j}，\cdots，x_{\beta mj})}{\max(x_{\beta 1j}，\cdots，x_{\beta mj}) - \min(x_{\beta 1j} - x_{\beta mj})} \qquad (6-1)$$

其中，$x_{\beta 1j}$ 表示某项指标的原始值；$\min(x_{\beta 1j}，\cdots，x_{\beta mj})$ 表示需要标准化处理的指标所在组的最小值；$\max(x_{\beta 1j}，\cdots，x_{\beta mj})$ 表示需要标准化处理的指标所在组的最大值；$y_{\beta ij}$ 表示标准化处理后某项指标的值。

第三，确定指标的比重。

$$Y_{\beta ij} = \frac{y_{\beta ij}}{\sum_{\beta} \sum_{i} y_{\beta ij}} \qquad (6-2)$$

第四，计算出第 j 项指标的信息熵。

$$e_j = -k \sum_{\beta} \sum_{i} Y_{\beta ij} \ln(Y_{\beta ij})，\quad k = \frac{1}{\ln(\beta m)} \qquad (6-3)$$

第五，计算信息熵的冗余度。

$$d_j = 1 - e_j \qquad (6-4)$$

第六，计算各项指标的权重。

$$W_j = \frac{d_j}{\sum_{j} d_j} \qquad (6-5)$$

6.1.3　数据来源及描述性分析

6.1.3.1　数据来源

本书本着数据的可获得性，利用 2009～2019 年新疆农业相关部门的统计数据，剔除数据缺失比较严重的县市，最终选择 2009～2019 年 19 个县市的 5 个指标，以此来测度各棉花主产县生产经营组织化水平。

6.1.3.2　数据处理方法

在对原始数据进行系统查找整理的过程中，存在一些县市部分数据指标有缺漏，一些县市部分数据指标统计口径和标准不相同的现象。经不断证实，本书通过更换统计口径和标准不相同以及缺漏的数据指标，最后梳理敲定了 19 个棉花主产县市都有的数据指标 5 个。由于统计过程中有一些数据存在缺漏的现象，本书主要通过以下两种方式进行补缺：

第一，如果是连续年份的中间某一年存在缺失，则采用相邻周期的平均值或上下条填充数据。相邻周期的平均值即采用前一年和后一年两年的平均值作为缺失周期的值。上下条填充数据是指对于每一条数据的缺失值，将其上期数据填充到本期，作为本期数据。

第二，对于连续年份的数据缺漏的现象，就采取线性趋势法对数据进行缺失值填充，但是填充的过程中会出现不合理数据的情况，针对这种情况，就根据同一组别中数据完整的指标的线性趋势对缺失的数据进行填充。

6.1.3.3 数据描述性分析

对每个变量进行描述性统计，具体结果如表 6-2 所示。

表 6-2 数据变量的描述性分析

变量名称	样本数	平均值	标准差	最小值	最大值
组织参与度	209	0.1713	0.1570	0.010	0.6900
组织分配农户的利润比重	209	0.2402	0.1450	0.0240	0.6000
组织数量	209	252.9700	259.1500	3.000	1227.0000
组织成员规模	209	41.6100	60.5700	4.000	410.0000
带动非组织成员比例	209	0.3380	0.1964	0.0230	0.7600

资料来源：2009~2019 年农业相关部门统计数据。

6.1.4 评价结果及分析

6.1.4.1 指标权重的确定

通过对以上搜集的指标数据进行处理，按照以上熵权法的步骤计算出二级指标所占的比重，同时也可计算出一级指标所占的比重，各个指标所占比重如表 6-3 所示。从各个指标所占的权重大小可以看出，组织成员规模对农业生产经营组织化程

表 6-3 农业生产经营组织化综合评价指标权重

目标层	一级指标	二级指标	三级指标	指标算法
农业组织化综合评价指标	农业生产经营组织化所包含的活动（A1）0.33	综合指标（B_1）0.33	组织参与度（C_1）	0.23
			组织分配农户的利润比重（C_2）	0.10
			组织数量（C_3）	0.22
	农业生产经营组织化载体（A2）0.67	组织（B_2）0.55	组织成员规模（C_4）	0.33
		农户（B_3）0.12	带动非组织成员比例（C_5）	0.12

资料来源：笔者计算所得。

度的影响相对比较大，组织成员规模越大，对推动农业生产经营组织化水平的提升越有利。接下来是组织数量和组织参与度，这两个权重都在 0.2 以上，可见，组织数量和参与组织的农户数越多，农业生产经营组织化水平就越高。

6.1.4.2　评价指标的标准化

由于在农业组织化综合评价指标体系中各个评价指标具有不同的性质，其衡量计算的方法不相同，因此就需要对样本数据进行一个无量纲的处理，这里主要采用标准化的方法来处理。鉴于本书选取的考核指标都为正向指标，即指标的值越大，越能说明其对农业组织化水平的提升作用越强。其具体的处理方法为：

$$B_i^* = \frac{B_i - B_{min}}{B_{max} - B_{min}} \tag{6-6}$$

其中，B_i^* 表示标准化以后的值；B_i 表示原始值；B_{max} 表示原始序列值里面的最大值；B_{min} 表示原始序列值里面的最小值。

6.1.4.3　综合评价结果

由于农业生产经营组织化水平综合评价是具有综合性强，层次性明显等特点，农业组织化综合评价指标体系中每一个指标都能够对组织化综合评价起到影响或作出贡献。因此，综合得分不能够通过简单的相加反映出来，而应当用加权的方法来测算综合得分。其具体计算公式为 $R = \sum_{i=1}^{n} B_i^* W_i$。其中 R 表示农业组织化水平综合得分；$B_i^*$ 表示标准化以后的值；W_i 表示各指标的权重。

结合表 6-3 的权重指标，计算出各县市农业组织化综合得分情况如表 6-4 所示。从表 6-4 中综合评分结果可以看出，新疆棉花主产县市农业组织化水平整体

表 6-4　新疆各县市农业组织化综合得分

区域	年份	2009	2010	2011	2012	2013	2014	2015	2016	2017	2018	2019	各县市平均值
北疆地区	哈密市/伊州区	0.132	0.136	0.166	0.209	0.258	0.349	0.392	0.425	0.373	0.339	0.344	0.284
	呼图壁县	0.304	0.349	0.353	0.438	0.433	0.504	0.530	0.521	0.300	0.128	0.204	0.369
	玛纳斯县	0.156	0.163	0.169	0.192	0.193	0.196	0.256	0.292	0.187	0.197	0.198	0.200
	博乐市	0.525	0.477	0.459	0.512	0.343	0.345	0.309	0.314	0.284	0.270	0.279	0.374

续表

区域	年份	2009	2010	2011	2012	2013	2014	2015	2016	2017	2018	2019	各县市平均值
北疆地区	精河县	0.512	0.495	0.396	0.210	0.275	0.292	0.320	0.430	0.375	0.395	0.443	0.377
	乌苏市	0.310	0.316	0.268	0.269	0.256	0.337	0.257	0.301	0.243	0.231	0.209	0.272
	沙湾县	0.168	0.192	0.237	0.287	0.246	0.311	0.330	0.465	0.440	0.472	0.436	0.326
南疆地区	库尔勒市	0.136	0.137	0.211	0.211	0.231	0.245	0.258	0.288	0.299	0.197	0.194	0.219
	尉犁县	0.222	0.218	0.243	0.250	0.303	0.322	0.337	0.356	0.365	0.240	0.230	0.281
	温宿县	0.162	0.168	0.224	0.201	0.231	0.306	0.232	0.224	0.211	0.213	0.212	0.217
	库车县	0.079	0.072	0.086	0.136	0.148	0.221	0.195	0.301	0.191	0.173	0.191	0.163
	沙雅县	0.107	0.112	0.113	0.194	0.229	0.217	0.224	0.225	0.276	0.334	0.343	0.216
	阿瓦提县	0.100	0.095	0.106	0.092	0.120	0.093	0.094	0.102	0.106	0.092	0.098	0.100
	英吉沙县	0.107	0.107	0.141	0.140	0.066	0.065	0.075	0.076	0.099	0.192	0.213	0.116
	莎车县	0.071	0.073	0.109	0.107	0.107	0.109	0.121	0.166	0.155	0.158	0.168	0.122
	麦盖提县	0.035	0.037	0.046	0.092	0.224	0.186	0.180	0.182	0.205	0.224	0.216	0.148
	岳普湖县	0.036	0.036	0.043	0.044	0.060	0.042	0.050	0.053	0.052	0.053	0.054	0.048
	伽师县	0.246	0.234	0.046	0.062	0.108	0.153	0.171	0.190	0.231	0.229	0.232	0.173
	巴楚县	0.018	0.018	0.023	0.026	0.068	0.164	0.247	0.248	0.252	0.238	0.231	0.139
各年份平均值		0.180	0.181	0.181	0.193	0.205	0.235	0.241	0.272	0.244	0.230	0.237	0.180

资料来源：笔者计算所得。

上呈现上升趋势，组织化水平最高的县市是呼图壁县、博乐市、精河县、沙湾县，样本期内生产经营组织化综合评分平均在 0.32 以上。哈密市/伊州区、玛纳斯县、乌苏市、库尔勒市、尉犁县、温宿县、沙雅县组织化水平较高，样本期内组织化综合评分平均在 0.2 以上。库车县、阿瓦提县、英吉沙县、莎车县、麦盖提县、岳普湖县、伽师县、巴楚县样本期内组织化综合评分相对较低。

从区域层面来看，北疆地区农业组织化综合评分平均为 0.315，南疆地区农业组织化综合评分平均为 0.162。从图 6-2 可以看出，南疆地区农业组织化水平低于新疆整体平均水平，北疆地区的水平则高于新疆整体平均水平。在北疆地区，农业组织化水平领头雁效应比较明显的县市主要是呼图壁县和博乐市、精河县、沙湾县。南疆地区农业组织化水平较高的是尉犁县、库尔勒市、温宿县、沙雅县。

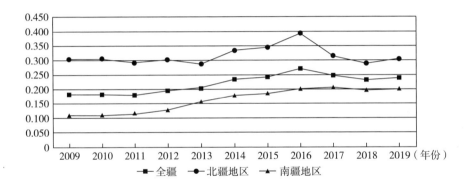

图 6-2　新疆农业组织化水平变化趋势

资料来源：笔者计算所得。

根据以上综合评价得分，将 19 个棉花主产县市生产经营组织化水平分三个等级。具体分类标准和结果如表 6-5 所示。这里综合得分用 R 来表示。

表 6-5　新疆棉花主产县市组织化综合得分等级划分情况

综合得分范围	县市
R>0.3	呼图壁县、博乐市、精河县、沙湾县
0.2<R≤0.3	哈密市/伊州区、玛纳斯县、乌苏市、库尔勒市、尉犁县、温宿县、沙雅县
R≤0.2	库车县、阿瓦提县、英吉沙县、莎车县、麦盖提县、岳普湖县、伽师县、巴楚县

资料来源：笔者计算所得。

6.2 农业组织化水平时空差异性分析

6.2.1 新疆农业组织化水平的基尼系数分析

采用基尼系数法测度了新疆及南北疆地区农业组织化水平的区域差异及贡献率。结果如表6-6所示。

表6-6 新疆农业组织化水平的预期差异及贡献率

年份	总体G	组内差异		总体基尼系数结构			贡献率（%）		
		北疆地区	南疆地区	区域内差异	区域间差异	超变密度	区域内	区域间	超变密度
2009	0.411	0.283	0.347	0.149	0.245	0.018	36	59	4
2010	0.405	0.259	0.343	0.142	0.249	0.015	35	61	4
2011	0.376	0.225	0.345	0.138	0.222	0.016	37	59	4
2012	0.341	0.221	0.301	0.128	0.204	0.009	38	60	3
2013	0.274	0.159	0.276	0.116	0.139	0.019	42	51	7
2014	0.273	0.131	0.278	0.109	0.155	0.009	40	57	3
2015	0.261	0.133	0.252	0.102	0.155	0.005	39	59	2
2016	0.265	0.118	0.25	0.097	0.164	0.003	37	62	1
2017	0.234	0.15	0.24	0.106	0.104	0.023	45	45	10
2018	0.231	0.216	0.191	0.102	0.096	0.034	44	42	14
2019	0.212	0.183	0.178	0.091	0.101	0.02	43	47	10

资料来源：笔者计算所得。

6.2.1.1 新疆农业组织化水平的总体差异和区域内差异

新疆及南北疆地区农业组织化水平的基尼系数演变趋势如图6-3所示。观测期内新疆农业组织化水平整体上呈现下降变化趋势。从北疆地区和南疆地区来看，南疆地区农业组织化水平基尼系数与新疆整体表现基本保持一致的变化趋势。北疆地区农业组织化水平基尼系数呈现"下降—上升"的变化趋势，2016年基尼系数降至最低，为0.118。从数值大小来看，观测期内新疆整体的基尼系数大于南疆地区和北疆地区，其均值分别为0.298、0.273、0.189，这表明新疆整体农业组织化水平存在的不均衡现象三者之中最为突出，南疆地区次之，北疆地区最后。

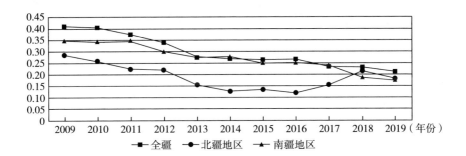

图 6-3　2009~2019 年新疆农业组织化水平区域内基尼系数差异及演变趋势

资料来源：笔者计算所得。

6.2.1.2　新疆农业组织化水平的区域差异来源及贡献率

图 6-4 展示了新疆农业组织化差异的来源及贡献率。第一，从差异来源的演变过程来看，区域间差异和超变密度的贡献率波动较大，且曲线变化趋势呈现对称分布，而各区域内差异的贡献率变化相对稳定。具体从各差异贡献率变化来看，区域间贡献率呈现"下降—上升—下降—上升"的变化趋势，2018 年下降到最低点，贡献率在 42% 左右。超变密度反映的是不同县市之间相互影响、相互渗透作用下对总体差距产生的影响。在观测期内，其变化基本呈现"稳定变化—上升—下降"的变化趋势，2018 年呈现最高，其贡献率在 14% 左右。而区域内的贡献率出现微弱的波动，变化幅度很小，浮动范围为 36%~45%。

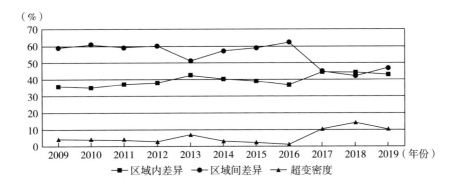

图 6-4　2009~2019 年新疆农业组织化水平区域间差异来源及贡献率

资料来源：笔者计算所得。

第二，在整个研究期间，区域间差异贡献率的平均值为 54.7%，区域内差异贡献率的平均值为 39.6%，超变密度差异贡献率的平均值为 0.56%。由此可见，导致农业组织化水平的总体空间差异最主要原因是区域间差异，排在第二位的区域内差异，影响相对最小的是超变密度。

6.2.2 新疆农业组织化水平的收敛性分析

为了能够进一步准确了解农业组织化水平在时间和空间上的分布和变化情况，本书接下来将着重对其进行 α 收敛性分析和 β 收敛性分析。

6.2.2.1 α 收敛性分析

图 6-5 显示了新疆农业组织化水平变异系数的动态变化情况。从整体变化情况来看，随着时间的推移，新疆整体农业组织化水平的离散程度表现为无规律的上下波动。从总体层面来看，其变异系数呈现"下降"的变化趋势，样本期内，其变异系数总体上呈现一定程度的下降趋势，2019 年变异系数相对于 2009 年下降了 39.13%，下降幅度达 48.56%。说明新疆棉花主产县市农业组织化存在 α 收敛。

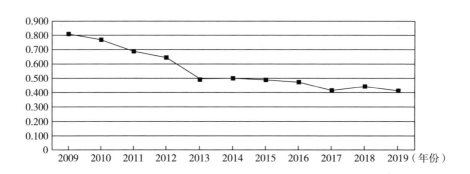

图 6-5　农业组织化水平变异系数演变趋势

资料来源：笔者计算所得。

6.2.2.2 传统 β 收敛性分析

（1）传统绝对 β 收敛。

表 6-7 显示了观测期内新疆整体和南北疆地区农业组织化水平绝对 β 收敛的检验结果。根据以上检验结果可以看出，新疆整体及两个植棉区域农业组织化水平 β 收敛系数均小于 0，且都通过了 1% 的显著性水平检验，这表明新疆整体、北疆地区和南疆地区农业组织化水平均存在绝对 β 收敛的现象，各县市农业组织化水平具有"追赶效应"，各区域在经济发展水平等影响因素相似的情形下，其

变化发展会随着时间推移最终会趋于一个相同的稳态均衡水平。也就是说，低水平农业组织化水平县市的增长速度要比高水平农业组织化水平县市快，县市之间的差距在不断减小。

表 6-7　不同区域传统的绝对 β 收敛和条件 β 收敛结果情况

变量名	新疆整体		北疆地区		南疆地区	
β	-0.5471*	-0.5605*	-0.6043**	-0.6378*	-0.5114*	-05312*
	(-5.45)	(-5.42)	(-2.93)	(-2.92)	(-4.78)	(-4.71)
fixed-R	—	-0.007	—	-0.3478	—	-0.008
		(-0.49)		(-1.68)		(-0.78)
pri-R	—	-0.044	—	-0.1537	—	-0.004
		(0.92)		(-0.91)		(-0.09)
irr-R	—	-0.014	—	0.1551	—	-0.021
		(-0.46)		(1.19)		(-0.82)
R^2	0.7748	0.7776	0.4973	0.5481	0.7748	0.7776

注：* 表示在1%的水平下显著。

资料来源：笔者计算所得。

（2）传统条件 β 收敛。

表 6-7 显示了观测期内新疆整体层面和两个植棉区域农业组织化水平条件 β 收敛的检验结果。由以上检验结果可以看出，新疆整体和南北疆地区农业组织化水平条件 β 收敛系数的值都是负数，并且系数检验的 P 值都是小于 0.05 的。说明将样本县市社会经济发展状况、环境等这些因素的不同纳入模型考察范围内以后，新疆整体、北疆地区和南疆地区农业组织化水平均存在条件 β 收敛现象，这也意味着新疆整体、北疆地区和南疆地区农业组织化水平都是朝着各自稳态的水平变化发展的。

由于土地经营规模和农业机械化水平在农业组织化水平评价过程中有涉及，这里控制变量就选择了农业固定资产投资、第一产业就业比例和有效灌溉率。控制变量方面，新疆整体以及两个植棉区域中各个控制变量对农业组织化水平的影响方向和影响程度各不相同。第一产业就业比例在新疆整体和两个区域均为负，说明其对农业组织化水平的提升起到反向作用。有效灌溉率在北疆地区对农业组织化水平的收敛作用为正向促进作用，但在新疆整体和南疆地区却出现了反向作用；农业固定资产投资在南疆对农业组织化水平出现了反向作用。这些都有待后续进一步研究。

6.2.2.3 空间 β 收敛性分析

（1）空间绝对 β 收敛。

表6-8 显示了观测期内新疆整体和南北疆地区农业组织化水平空间绝对 β 收敛的检验结果。根据以上检验结果可以看出，新疆整体及南北疆地区农业组织化水平空间绝对 β 收敛系数均小于0，由此表明，新疆整体、南北疆地区农业组织化水平均存在空间绝对 β 收敛现象，这也意味着新疆整体各县市农业组织化水平最终将收敛于同一稳态水平。

表6-8 不同区域空间绝对 β 收敛结果情况

变量名	新疆整体	北疆地区	南疆地区
β	−0.611***	−0.2063**	−0.5757***
	(−9.04)	(−2.05)	(−6.77)
R²	0.5820	0.6631	0.5961

注：** 和 *** 分别表示在5%和10%的水平下显著。

资料来源：笔者计算所得。

（2）空间条件 β 收敛。

表6-9 显示了观测期内新疆整体层面和南北疆地区农业组织化水平空间条件 β 收敛的检验结果。由以上检验结果表明，新疆整体及南北疆地区农业组织化水平空间条件 β 收敛前面的系数都为负数，并且其检验的 P 值都小于 0.01。也就是说，将样本县市社会经济发展状况、环境等这些因素的不同纳入模型考察范围内以后，新疆整体、北疆地区和南疆地区棉花生产技术效率均存在空间条件 β 收敛现象，这也意味着新疆整体、北疆地区和南疆地区农业组织化水平都是朝着各自稳态的水平变化发展。控制变量方面，新疆整体层面以及南北疆地区中各个控制变量的系数和显著性水平有所不同。

表6-9 不同区域空间条件 β 收敛结果情况

变量名	新疆整体	北疆地区	南疆地区
β	−0.3869*	−0.5975*	−0.4135*
	(−7.72)	(−5.31)	(−7.29)
fixed-R	−0.054*	−0.208	−0.0445*
	(−3.63)	(−1.42)	(−3.22)

变量名	新疆整体	北疆地区	南疆地区
pri-R	−0.0315	0.0423	−0.0742
	(−0.7)	(0.44)	(−1.23)
irr-R	0.0008	0.121	0.00025
	(0.03)	(1.18)	(0.01)
样本数	209	77	132
R^2	0.5610	0.6532	0.5915

注：＊表示在1%的水平下显著。

资料来源：笔者计算所得。

6.3 本章小结

本章基于熵权法建立了新疆农业组织化水平的综合评价指标体系，对新疆 19 个棉花主产县市的农业组织化水平进行了评价。在此基础上，一方面剖析新疆农业组织化水平的地区总体差异大小以及差异的来源；另一方面，通过收敛分析考察农业组织化水平时空格局的演变趋势。通过研究发现：

第一，对新疆棉花主产县市农业组织化水平进行测度。农业组织化水平最高的县市是呼图壁县、博乐市、精河县、沙湾县，样本期内组织化综合评分平均在 0.32 以上。哈密市/伊州区、玛纳斯县、乌苏市、库尔勒市、尉犁县、温宿县、沙雅县组织化水平较高，样本期内组织化综合评分平均在 0.2 以上。库车县、阿瓦提县、英吉沙县、莎车县、麦盖提县、岳普湖县、伽师县、巴楚县样本期内组织化综合评分相对较低。从区域层面来看，北疆地区农业组织化综合评分平均为 0.315，南疆地区农业组织化综合评分平均为 0.162。

第二，本章采用了基尼系数及其分解法进一步剖析农业组织化水平总体差异大小以及差异的来源进行科学测算与分解。从数值大小来看，观测期内新疆整体的基尼系数大于南疆地区和北疆地区，其均值分别为 0.298、0.273、0.189，这表明新疆整体农业组织化水平存在的不均衡现象三者之中最为突出，南疆地区次之，北疆地区最后。从差异来源的演变过程来看，区域间差异贡献率的平均值为 54.7%，区域内差异贡献率的平均值为 39.6%，超变密度贡献率的平均值为 0.56%。由此可见，导致农业组织化水平的总体空间差异最主要原因是区域间差异，排在第二位的区域内差异，影响相对最小的是超变密度。

第三，为了能够进一步准确了解农业组织化水平在时间和空间上的分布和变化情况，本章对农业组织化水平开展了收敛性分析。在 α 收敛方面，新疆农业组织化水平存在 α 收敛；在传统 β 收敛方面，新疆整体以及北疆地区、南疆地区农业组织化水平均存在绝对 β 收敛的现象，各县市组织化水平具有"追赶效应"，也就是说各区域在经济发展水平等影响因素相似的情形下，其变化发展会随着时间变化最终会趋于相同的稳态均衡水平；在条件 β 收敛方面，农业组织化水平均存在条件 β 收敛，也就是说，新疆整体、北疆地区以及南疆地区棉花生产技术效率都有自己的稳态水平，并且都最终会回归于这一水平。在新疆整体以及北疆地区、南疆地区空间 β 收敛方面，无论是空间绝对 β 收敛还是空间条件 β 收敛，新疆农业组织化水平都存在着空间 β 收敛现象。

第7章 农业组织化对新疆棉花生产技术效率的影响机理分析

基于第3章农业组织化对棉花生产技术效率影响机理的规范分析，根据农业技术进步理论，棉花综合技术效率的提升，一种方式是提升纯技术效率，另一种方式就是在一定时间内，现有生产技术不变的条件下，提高规模效率。鉴于此，本章提出了农业组织化可能影响棉花生产技术效率的两个假设：第一，农业组织化具有规模效应，能够通过规模经营推动棉花生产技术效率的提升；第二，农业组织化具有技术扩散应用效应，能够通过技术推广应用推动棉花生产技术效率的提升。以上两个假说只是我们基于农业组织化的特点和相关文献提出的两个可能的主要渠道，并不能完全覆盖所有情况，因此，需要我们进一步的实证检验来确认它们的正确性。

7.1 农业组织化与棉花生产技术效率相关的关系分析

在农业生产组织化过程中，最经典的体现：一方面是经营土地的集中及经营规模的扩大，另一方面是随着组织化和城镇化的发展，农业劳动力更多地转移到二三产业中，因此，考虑了以上两个方面的因素以及数据的可获得性，用劳均棉花面积来指代规模变化情况；另外，根据诱致性技术进步理论以及相关文献的研究，农业机械化的应用发展能够反映技术进步和应用的情况，特别是在棉花机械采收技术方面，鉴于此，考虑数据的可获得性，用机械采收面积占棉花种植面积的比例，即机采棉占比来指代技术的应用情况。

7.1.1 农业组织化—技术应用—技术效率的关系分析

7.1.1.1 面板单位根检验和协整检验
为了使所构建的模型能够与实际情况相契合，保证检验结果能够科学、合理精准，在进行模型论证之前，需要采用面板 ADF 检验和 JJ 协整检验两种检验方法对模型数据进行检验。

（1）面板单位根检验。

目前学者对面板单位根检验常用的有四种方法。本书为了提高研究的准确性和科学性，有效避免回归的虚假性，主要采用了 HT、IPS 和 ADF-Fisher 这三种检验方法，具体检验的结果如表 7-1 所示：

表 7-1　面板模型的单位根检验

变量		HT 检验	IPS 检验	ADF-Fisher 检验	检验结果
lnTE	统计值	-0.0121	-5.1575	4.1565	平稳
	P 值	0.0000	0.0000	0.0000	
lnorg	统计值	-0.3321	-6.7545	2.0897	平稳
	P 值	0.0000	0.0003	0.0183	
lnmach-A	统计值	0.1483	-2.7692	4.5812	平稳
	P 值	0.0002	0.0028	0.0000	

资料来源：笔者计算所得。

表 7-1 中列出了面板模型 ADF 检验的结果。通过检验结果发现：lnTE、lnorg 和 lnmach-A 在三种情形下的检验统计值都通过了显著性水平检验，原假设是不成立的，这一结果表明 lnTE、lnorg 和 lnmach-A 是平稳的。后面就可以进行面板数据协整关系的检验了。

（2）协整检验。

采用 Pedroni 和 Kao 检验方法开展了协整检验。通过分析检验，得出如表 7-2所示的结果。在 Pedroni 和 Kao 两种检验方法下都通过了显著性水平检验。说明在样本考察期内，全样本统计变量之间的协整关系都是比较明显的。鉴于此，我们认为，以上面板模型的设立是相对科学合理、真实可靠的。

表 7-2　面板模型的协整检验

统计指标	总体水平
Pedroni	-14.2608 **
Kao	-8.4067 ***

注：** 和 *** 分别表示在 5% 和 10% 的水平下显著。

资料来源：笔者计算所得。

7.1.1.2 最优滞后阶数及格兰杰因果检验

为了使模型估计参数更加合理和高效,需要进一步通过检验敲定面板模型的最优滞后阶数。由于样本数据量相对不是很多,本书并不适合选择太多的滞后阶数。通过表 7-3 可以看出,在 MBIC、MAIC 和 MQIC 准则下,数据最小的情况是滞后 1 阶为最优,因此,本书就选择了最大滞后阶数 $P=1$。

表 7-3 最优滞后阶数检验结果

滞后阶数	MBIC	MAIC	MQIC
1	-90.605	-16.727	-46.71
2	-55.549	-6.298	-26.286
3	-20.156	4.4689	-5.525

资料来源:笔者计算所得。

为了更好地研究农业组织化、技术应用和棉花生产技术效率之间是否存在因果关系,本书开展了格兰杰因果检验研究。通过格兰杰因果检验,弄清农业组织化、技术应用、棉花生产技术效率之间的具体关系。表 7-4 为面板模型格兰杰因果检验的结果。通过检验结果可以发现,农业组织化可以推动棉花生产技术效率的提高。同时还发现,农业组织化可以推动技术应用效率的提升,进而推动棉花生产技术效率的提高。

表 7-4 格兰杰因果检验结果

Equation	Excluded	P-value	检验结果
lnTE	lnorg	0.019	拒绝原假设
	lnmach-R	0.036	拒绝原假设
lnorg	lnTE	0.262	接受
	lnmach-R	0.000	拒绝原假设
lnmach-R	lnTE	0.592	接受
	lnorg	0.91	接受

资料来源:笔者计算所得。

根据格兰杰因果检验绘制农业组织化、技术应用和技术效率关系如图 7-1 所示。从图 7-1 中可以看出三者之间的关系。

图7-1　农业组织化、技术应用和技术效率关系

7.1.2　农业组织化—规模经营—技术效率的关系分析

7.1.2.1　面板单位根检验和协整检验

为了使所构建的模型能够与实际情况相契合，保证检验结果能够科学、合理精准，首先，在进行模型论证之前，需要采用面板 ADF 检验和 JJ 协整检验两种检验方法对模型数据进行检验。

（1）面板单位根检验。

目前学者对面板单位根检验常用的有四种方法。本书为了提高研究的准确性和科学性，有效避免回归的虚假性，主要采用了 HT、IPS 和 ADF-Fisher 这三种检验方法，具体检验的结果如表 7-5 所示。

表7-5　面板模型的单位根检验

变量		HT 检验	IPS 检验	ADF-Fisher 检验	检验结果
lnTE	统计值	−0.0121	−5.1575	4.1565	平稳
	P 值	0.0000	0.0000	0.0000	
lnorg	统计值	−0.3321	−6.7545	2.0897	平稳
	P 值	0.0000	0.0003	0.0183	
lnA-mj	统计值	0.4133	−1.7602	4.5812	非平稳
	P 值	0.4492	0.0392	0.0000	

资料来源：笔者计算所得。

通过表 7-5 中检验结果发现：lnTE 和 lnorg 在三种情形下的检验统计值都离临界值的差距比较大，原假设是不成立的，这一结果表明 lnTE 和 lnorg 是平稳的，但是变量 lnA-mj 在 HT 检验中未能拒绝变量非平稳的假设。为此，本书对以上两个变量进行了一阶差分处理，得到 D_lnjsxl、D_lnzzh 和 D_lnA-mj，但是一阶差分后 D_lnA-mj 在 ADF-Fisher 下仍然不平稳。接下来就对以上进行了二阶差分，表 7-6 中对 D2_lnTE、D2_lnorg 和 D2_lnA-mj 进行 HT、IPS 和 ADF-Fisher 三种检验时，都通过了显著性水平检验，说明差分二阶数据是平稳的。后面就可以进行面板数据协整关系的检验了。

表 7-6　面板模型的单位根检验

变量		HT 检验	IPS 检验	ADF-Fisher 检验	检验结果
D2_lnTE	统计值	−0.0700	−6.5941	3.5512	平稳
	P 值	0.0000	0.0000	0.0002	
D2_lnorg	统计值	−0.4832	9.3788	9.3788	平稳
	P 值	0.0000	0.0000	0.0000	
D2_lnA-mj	统计值	−0.6988	−5.4191	2.3944	平稳
	P 值	0.0000	0.0000	0.0083	

资料来源：笔者计算所得。

（2）协整检验。

用 Pedroni 和 Kao 检验方法开展了协整检验。通过分析检验，结果如表 7-7 所示。以上结果显示，在 Pedroni 和 Kao 两种检验方法下都通过了显著性水平为 1% 的检验。说明在样本考察期内，全样本统计变量之间的协整关系都是比较明显的。鉴于此，我们认为，以上面板模型的设立是相对科学合理、真实可靠的。

表 7-7　面板模型的协整检验

统计指标	总体水平
Pedroni	−10.4451*
Kao	−19.8465*

注：* 表示在 1% 的水平下显著。

资料来源：笔者计算所得。

7.1.2.2　最优滞后阶数及格兰杰因果检验

为了使模型估计参数更加合理和高效，需要进一步通过检验敲定面板模型的最优滞后阶数。由于样本数据量相对不是很多，本书并不适合选择太多的滞后阶数。通过表 7-8 可以看出，MBIC、MAIC 和 MQIC 准则下，数据最小的情况是滞后 1 阶为最优，因此，本书就选择了最大滞后阶数 P = 1。

表7-8 最优滞后阶数检验结果

滞后阶数	MBIC	MAIC	MQIC
1	-77.16788	-14.23808	-39.38787
2	-43.0862	-1.132998	-17.89953
3	-26.70583	-5.729227	-14.112749

资料来源：笔者计算所得。

为了更好地研究农业组织化、规模经营和棉花生产技术效率之间是否存在因果关系，本书开展了格兰杰因果检验研究。通过格兰杰因果检验，弄清农业组织化、规模经营、棉花生产技术效率之间具体关系。表7-9为面板模型格兰杰因果检验的结果。通过检验结果可以发现，农业组织化可以推动棉花生产技术效率的提高。同时还发现，农业组织化可以推动规模效应的提升，进而推动棉花生产技术效率的提高。

表7-9 格兰杰因果检验结果

Equation	Excluded	P-value	检验结果
D2_lnTE	D2_lnorg	0.015	拒绝原假设
	D2_lnA-mj	0.000	拒绝原假设
D2_lnorg	D2_lnTE	0.497	接受
	D2_lnA-mj	0.036	拒绝原假设
D2_lnA-mj	D2_lnTE	0.905	接受
	D2_lnorg	0.026	拒绝原假设

根据格兰杰因果检验绘制农业组织化、规模经营和技术效率关系如图7-2所示。从图7-2中可以看出三者之间的关系。

图7-2 农业组织化、规模经营和技术效率关系

7.2 农业组织化对棉花生产技术效率的影响机理分析

7.2.1 农业组织化的技术应用效应实证检验

7.2.1.1 变量的选取及数据说明

本节的研究样本选择新疆棉花 19 个主产县市的面板数据，具体县市名单见第 4 章。同样，样本选择时期为 2009~2019 年，这与以前章节同样保持一致。本节使用变量的原始数据大部分来自《新疆统计年鉴》《中国县域统计年鉴》，2010~2020 年哈密、昌吉州、博州、塔城、巴州、喀什统计年鉴、2009~2019 年农业相关部门统计数据等。利用样本数据，本书进行了变量的描述性统计分析，具体的统计结果如表 7-10 所示。由于棉花生产技术效率、农业组织化水平变量说明和描述性统计已经在前面的章节做了相应的解释，表 7-10 中只展示了本章所用变量机采棉占比和劳均棉花面积两个变量的描述性统计结果。样本量为209 个。

表 7-10 描述性统计结果

变量	平均值	标准差	最小值	最大值
lnmach-R	-0.924	1.254	-7.993	-0.014
lnA-mj	2.8252	0.7695	1.1569	5.3125

资料来源：笔者计算所得。

7.2.1.2 特征事实与模型的设立

（1）机采棉占比与农业组织化的特征事实。

通过整理的 19 个棉花主产县市的样本数据，首先对机采棉占比与农业组织化水平做相关性分析，相关性分析结果如图 7-3 所示。由图 7-3 可以看出，两者呈现出明显的正向相关关系，即在我们样本考察期内，随着农业组织化水平的提高，机采棉占比也随之增加。但是，这仅仅是机采棉比例与农业组织化水平之间的简单相关性，因为影响机采棉占比的因素还有很多，所以只有在控制了其他因素的情况下，我们才能更准确地反映出两者之间的内在经济关系。因此，需要进行更深入的计量回归分析来更好地理解这种关系。通过深入研究，我们可以揭示两者之间的真实联系。

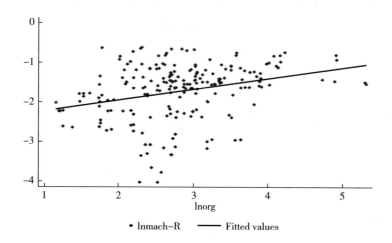

图 7-3　农业组织化与机采棉占比的散点图

（2）机采棉占比与农业组织化的计量检验模型。

根据相关文献研究和前文所阐述的事实，发现机采棉占比与农业组织化水平之间存在着明显的线性关系。因此，本书建立了以下计量回归模型（杜尔功，2019）：

$$lnmach\_R_{i,t} = \beta_0 + \beta_1 org_{i,t} + \gamma Z_{i,t} + \lambda_i + \eta_i + \varepsilon_{i,t} \tag{7-1}$$

其中，i 和 t 分别表示第 i 个县市和第 t 期；$org_{i,t}$ 表示农业组织化水平（这里是对其取自然对数）$lnmach-R_{i,t}$ 表示机采棉占比（这里同样对其取自然对数）；$Z_{i,t}$ 表示模型的一系列控制变量。这里主要考虑了农业固定资产投资比例（取自然对数）、有效灌溉率（取自然对数）等变量。λ_i 为个体效应，η_i 为时间效应。

式（7-1）中，β_1 表示农业组织化水平对机采棉占比的影响，$\beta_1 < 0$ 表示农业组织化水平对机采棉占比的影响是负向的，即农业组织化水平越高，机采棉占比就会越小；$\beta_1 > 0$ 表示农业组织化水平对机采棉占比的影响是正向的，即农业组织化水平越高，机采棉占比就会越大。当然，β_1 的值越大，说明这种影响效应更大，农业组织化水平对机采棉占比影响的效果就会更加显著，$\beta_1 = 0$ 表明农业组织化水平对机采棉占比没有影响。鉴于本书篇幅和整体的简洁性，以下类似的原理，下文将不再重复介绍（杜尔功，2019）。

7.2.1.3　技术应用效应实证检验及结果分析

（1）机采棉占比与农业组织化基准模型的结果分析。

表 7-11 中模型（1）和模型（2）的主要区别为是否加入控制变量。在后面的其他机理检验中，都基本采用这一方法。从表 7-11 中模型（1）和模型（2）估计的系数可以看出，农业组织化前的系数在 1% 的显著性水平下为正，加入控制变量后的系数为 0.2344，表明不管是否加入控制变量，农业组织化都可以显著促进机采棉占比的增加。农业组织化水平的提升，可以推动机采棉面积的增加。

表 7-11　农业组织化的技术应用效应估计结果

	lnmach-R	
	模型（1）	模型（2）
ln(org)	0.1665 *	0.2344 ***
ln(fixed-R)	—	0.1206 *
ln(pri-R)	—	0.4677 ***
ln(irr_R)	—	−0.1214 *
cons	−2.1877 *	−1.8422 *

注：* 和 *** 分别表示在 1% 和 10% 的水平下显著。

资料来源：笔者计算所得。

（2）关于农业组织化技术应用效应的内生性考虑。

在计量模型估计中，OLS 估计可能会因内生性问题使得其结果产生有偏和不一致的情况。虽然本书模型中已经控制了其他影响变量，但依然有可能存在遗漏变量产生的内生性问题。这里需要考虑内生性问题（杜尔功，2019）。

本书参考周京奎等（2019）的研究方法，寻找一个与农业组织化相关但独立于机采棉占比的工具变量进行回归。借鉴文献的常用方法，这里选取农业组织化滞后 1 期作为当期农业组织化情况的工具变量，这主要是基于以下考虑：从与内生变量的相关性来看，农业组织化是一个渐进的过程，故农业组织化具有一定的积累性，往期的农业组织化情况与当期的农业组织化具有较强的相关性。从外生性来看，当期的机采棉占比情况难以影响上期的农业组织化水平状况，因为现在难以影响以往，因此采用农业组织化的滞后 1 期作为工具变量是有其合理性的。基于相似的逻辑，在下文都将沿用这一方法。

为了解决计量分析中可能存在的内生性问题，强化计量模型的解释能力，表 7-12 展示了使用农业组织化的滞后 1 期作为工具变量的 IV-GMM 估计结果，当然，进行 IV-GMM 估计前要进行萨甘检验和序列相关检验。IV-GMM 的识别不足检验、弱识别检验结果均表明，采用农业组织化水平滞后1期的值作为当期农业组织化水平的工具变量是合理的，不存在弱工具变量问题。估计结果表明，农业组织化前的系数在1%的水平下显著为正，表明随着农业组织化水平的提高，可以显著提高机采棉占比。IV-GMM模型的结果也表明，即使考虑了内生性问题以后，本书的结果和结论依然存在，结论具有较好的稳健性（杜尔功，2019）。

表7-12　农业组织化的规模效应内生性考虑

	lnmach-R
lnmach-R	0.90*
lnorg	0.2981*
控制变量	YES
Sargan 检验	通过
Hansen 检验	通过
AR（1）	3.61（0.000）
AR（2）	−1.49（0.137）

注：*表示在1%的水平下显著。
资料来源：笔者计算所得。

7.2.1.4　农业组织化技术应用效应的异质性分析

为了研究农业组织化的技术应用效应在不同区域是否表现不同，本书继续对南疆地区和北疆地区分开开展研究。同时，一个加入控制变量，另一个不加入控制变量。北疆地区为模型（3）和模型（4），南疆地区为模型（5）和模型（6）。

从表7-13中所有模型的估计结果来看，对比南疆地区和北疆地区核心解释变量农业组织化前的系数可以发现，两个系数都为正数，并且通过了显著性水平检验，说明农业组织化对南疆地区和北疆地区都发挥着技术应用效应。我们不难发现，加入一系列控制变量后，其影响系数就会变得更小一些。说明在受到一些因素的影响后，农业组织化的技术应用效应会有所减弱。对比模型（3）和模型（5）农业组织化前的系数，可以发现南疆地区农业组织化前的系数明显大于北疆地区的系数，说明尽管农业组织化对南疆地区和北疆地区都能发挥显著的技术应用效应，但还是南疆地区的技术应用的效率更大。可能原因是南疆地区棉花种植面积相对比较大，一旦农业组织化程度提高，实施规模化经营之后，其技术应用效果的提升可能更快。

表7-13　农业组织化的技术应用效应异质性分析

	lnmach-R			
	北疆地区		南疆地区	
	模型（3）	模型（4）	模型（5）	模型（6）
ln(org)	3.52**	2.8*	4.978*	4.08*
ln(fixed-R)	—	-10.1***	—	-6.15***
ln(pri-R)		-1.73*		0.67
ln(irr_R)	—	-9.8*	—	-1.5***
cons	3.76**	-7.11*	6.6**	3***

注：*、**和***分别表示在1%、5%和10%的水平下显著。

资料来源：笔者计算所得。

7.2.2　农业组织化的规模经营效应实证检验

7.2.2.1　变量的选取及数据说明

本部分的研究样本如前文一样，劳均棉花播种面积的描述性统计分析在前文有所体现，控制变量的描述性分析在第4章已经描述，这里就不再一一赘述。

7.2.2.2　特征事实与模型的设立

（1）劳均棉花播种面积与农业组织化的特征事实。

通过整理的19个棉花主产县市的样本数据，首先对劳均棉花播种面积与农业组织化水平做相关性分析，相关性分析结果如图7-4所示。可以看出两者呈现

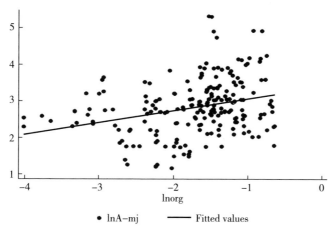

图7-4　农业组织化与棉花单位产量的散点图

资料来源：笔者计算所得。

出明显的正相关关系，即在样本考察期内，随着农业组织化水平的提升，会推动劳均棉花播种面积的增加。当然这也只是劳均棉花播种面积与农业组织化水平两者简单的相关关系，由于影响劳均棉花播种面积的因素众多，只有对其他影响因素加以控制，得出的结果才能准确反映出它们之间的内在经济关系，因此需要进一步的计量回归分析，以找出两者真实之间的关系。

（2）劳均棉花面积与农业组织化的计量检验模型。

根据相关研究文献和前文阐述的事实，本书发现，在短时间内，劳均棉花面积与农业组织化水平之间存在着线性关系。因此，本书建立了以下计量回归模型来分析这一关系（杜尔功，2019）：

$$\ln A\text{-}mj_{i,t} = \beta_0 + \beta_1 \ln org_{i,t} + \gamma Z_{i,t} + \lambda_i + \eta_i + \varepsilon_{i,t} \tag{7-2}$$

其中，i 和 t 分别表示第 i 个县市和第 t 期；$\ln org_{i,t}$ 表示农业组织化水平（这里是对其取自然对数），$\ln A\text{-}mj_{i,t}$ 表示劳均棉花面积（这里同样对其取自然对数）；$Z_{i,t}$ 表示模型的一系列控制变量。还考虑了一些其他的影响因素，这里包括农业固定资产投资比例（取自然对数）、第一产业就业人员比例（取自然对数）、有效灌溉率（取自然对数）等变量。λ_i 为个体效应，η_i 为时间效应。

7.2.2.3　规模效应实证检验及结果分析

（1）劳均棉花面积与农业组织化基准模型的结果分析。

表 7-14 中模型（7）和模型（8）的主要区别为是否加入控制变量。从模型（7）和估计的系数可以看出，在没有考虑控制变量的情况下，农业组织化对劳均棉花面积增长有着显著的促进作用，其统计学意义达到了1%的显著性水平。模型（8）加入控制变量后的系数依然显著为正。表明不管是否加入控制变量，农业组织化都可以显著促进劳均棉花面积的增加。农业组织化水平的提升，可以推动棉花的规模化生产经营，进而推动棉花生产技术效率的提升。

表 7-14　农业组织化的规模经营效应估计结果

	lnA-mj	
	模型（7）	模型（8）
ln(org)	0.1714*	0.2626**
ln(fixed-R)	—	0.1273***
ln(pri-R)	—	0.4215*
ln(irr_R)	—	−0.1262*
cons	−2.21*	−2.02***

注：*、**和***分别表示在1%、5%和10%的水平下显著。

资料来源：笔者计算所得。

（2）关于农业组织化规模经营效应的内生性考虑

与前文一样，本书采用农业组织化水平的滞后 1 期作为工具变量，处理其与劳均棉花面积的内生性问题，强化计量模型的解释能力。

表 7-15 显示了使用农业组织化的滞后 1 期作为工具变量的 IV-GMM 估计结果，进行 IV-GMM 估计前要进行萨甘检验和序列相关检验。IV-GMM 的识别不足检验、弱识别检验结果均表明，采用农业组织化水平滞后 1 期的值作为当期农业组织化水平的工具变量是合理的，不存在弱工具变量问题。估计结果表明，农业组织化前的系数在 1% 的水平下显著为正，表明随着农业组织化水平的提高，可以显著提升劳均棉花面积。IV-GMM 模型的结果也表明，即使考虑了内生性问题以后，以上结果和结论依然存在，结论具有较好的稳健性（杜尔功，2019）。

表 7-15　农业组织化规模经营效应的内生性考虑

	lnA-mj
lnA-mj	0.5288*
lnorg	0.2567***
控制变量	YES
Sargan 检验	通过
Hansen 检验	通过
AR（1）	2.21（0.027）
AR（2）	-0.94（0.348）

注：*和***分别表示在 1% 和 10% 的水平下显著。

资料来源：笔者计算所得。

7.2.2.4　农业组织化规模效应的异质性分析

为了研究农业组织化的规模效应在不同区域是否表现不同，本书继续对南疆地区和北疆地区分开开展研究。一个加入控制变量，另一个不加入控制变量。北疆地区为模型（9）和模型（10），南疆地区为模型（11）和模型（12）（见表 7-16）。

表 7-16　农业组织化的规模经营效应异质性分析

	lnA-mj			
	北疆地区		南疆地区	
	模型（9）	模型（10）	模型（11）	模型（12）
ln(org)	0.056*	0.05*	0.26***	0.20*

	lnA－mj			
	北疆地区		南疆地区	
	模型（9）	模型（10）	模型（11）	模型（12）
ln（fixed－R）	—	－1.86*	—	－2.62*
ln（pri－R）	—	－0.08	—	－0.025
ln（irr_R）	—	－0.67**	—	－0.004
cons	3.00***	2.03*	3.27***	2.67*

注：*、**和***分别表示在1%、5%和10%的水平下显著。

资料来源：笔者计算所得。

从表7-16中所有模型的估计结果来看，对比南疆地区和北疆地区核心解释变量农业组织化前的系数可以发现，两个地区系数都为正数，并且通过了显著性水平的检验，这表明农业组织化对南疆地区和北疆地区的规模经营效果都是显著的。但仔细对比加入一系列重要控制变量后，其影响系数会更小一些。说明在受到一些因素的影响后，农业组织化的规模经营效应会有所减少。对比模型（10）和模型（12）农业组织化前的系数，可以发现南疆地区农业组织化前的系数明显大于北疆地区的系数，这表明，尽管南疆地区和北疆地区的农业组织化都能产生显著的规模效应，但南疆地区的规模化效果更为突出。可能原因是，南疆地区棉花种植面积相对比较大，一旦农业组织化程度提高，实施规模化经营之后，其技术效率的提升可能更快。

7.2.3 规模效应、技术应用影响棉花生产技术效率的实证检验

为了确保本书的研究结果的可靠性和可信度，本部分构造了两大机理影响棉花生产技术效率的计量模型，从而形成一个完整的逻辑框架，同时验证了前文关于农业组织化影响棉花生产技术效率影响机理结论的稳定性。

7.2.3.1 规模效应、技术应用效应推动棉花生产技术效率提升检验的基准模型

（1）模型构建。

根据之前的研究方法，本部分通过建立以下计量回归模型来进行分析。

$$\ln TE_{i,t} = \beta_0 + \beta_1 \ln A\text{-}mj_{i,t} + \beta_2 \ln mach\text{-}R_{i,t} + \gamma Z_{i,t} + \lambda_i + \eta_i + \varepsilon_{i,t} \tag{7-3}$$

其中，i 和 t 分别表示第 i 个县市和第 t 期；$\ln TE_{i,t}$ 表示棉花生产技术效率的自然对数；$\ln mach\text{-}R_{i,t}$ 表示机采棉占比的自然对数；$\ln A\text{-}mj_{i,t}$ 表示劳均棉花面积的自然对数；$Z_{i,t}$ 是一系列控制变量，主要包括农业固定资产投资比例（取自然

对数)、有效灌溉率(取自然对数)等变量。η_i 为个体效应,$\varepsilon_{i,t}$ 为时间效应(杜尔功,2019)。

(2)计量结果分析。

通过使用 Stata14 计量分析软件,我们将机采棉占比和劳均棉花面积对棉花生产技术效率的影响进行准确的估计,结果如表 7-17 所示。模型(13)、模型(14)是未考虑任何控制因素的单变量估计,模型(15)为未考虑任何控制因素的仅这两个变量的估计结果,模型(16)为加入控制变量的估计结果。根据表7-17 的估计结果可以发现,在模型(13)、模型(14)仅使用单变量的情况下,机采棉占比、劳均棉花面积前的系数分别在 1% 和 5% 的水平下显著大于 0,这表明每一个变量都能够促进棉花生产技术效率的提高。模型(15)将机采棉占比和劳均棉花面积结合起来进行回归分析,从估计结果中可以看出,每个变量的估计系数都仍然保持显著性,且估计系数为正,再一次说明机采棉占比和劳均棉花面积的增加有助于提高棉花生产的技术效率。加入控制变量后,模型(16)中的机采棉占比、劳均棉花面积前的系数仍然显著为正,说明这两者确实推动了棉花生产技术效率的提升。

表 7-17　农业组织化的规模效应、技术应用效应实证检验

	lnorg			
	模型(13)	模型(14)	模型(15)	模型(16)
lnmach-R	0.0003 **		0.0018 *	0.0025 *
lnA-mj	—	0.0234 *	0.0117 *	0.0.006 *
lnpri-R	—	—		-0.007
lnfixed-R	—	—		-0.004
lnirr-R	—	—		0.0078
cons	-0.123 ***	-1.195 ***	-0.1577 ***	-0.1522 **

注:*、** 和 *** 分别表示在 1%、5% 和 10% 的水平下显著。

资料来源:笔者计算所得。

7.2.3.2　农业组织化通过两大机理推动棉花生产技术效率的进一步检验

本部分采用杨继东和罗路宝(2018)提出的方法,将农业组织化变量纳入分析,并运用交互项计量回归技术,对以上结果的稳健性进行验证。

(1)模型设定。

$$\ln TE_{i,t} = \beta_0 + \beta_1 cross + \gamma Z_{i,t} + \lambda_i + \eta_i + \varepsilon_{i,t} \tag{7-4}$$

其中,i 和 t 分别表示第 i 个县市和第 t 期;$\ln TE_{i,t}$ 表示技术效率的自然对

数；cross 表示的机采棉占比、劳均棉花面积分别与农业组织化的交乘项；$Z_{i,t}$ 表示一系列控制变量；λ_i 表示个体效应；η_i 表示时间效应。

（2）计量结果分析。

运用 Stata14 计量分析软件，借鉴杨继东和罗路宝（2018）的研究，通过交互项回归的计量方法，进一步检验全样本下农业组织化通过机采棉占比、劳均棉花面积影响棉花生产技术效率的效应，将机采棉占比、劳均棉花面积与农业组织化的交互项分别作为自变量与棉花生产技术效率进行回归，结果如表 7-18 所示。从表 7-18 的结果可以看出，在模型（17）、模型（18）中，我们所关注的交互项的系数，即 cross-lnmach-R、cross-lnA-mj 的系数均在 10% 的水平下显著为正，说明农业组织化水平越高（杜尔功，2019；杨继东和罗路宝，2018），机采棉占比、劳均棉花面积对棉花生产技术效率的正向作用越明显，进一步检验了前文结论的稳健性。

表 7-18　交互项方法的全样本机理检验的估计结果

	lnTE	
	模型（17）	模型（18）
cross-lnmach-R	0.0017 ***	
cross-lnA-mj	—	0.0082 ***
控制变量	YES	YES
cons	-0.1411 ***	-0.1217

注：*** 表示在 10% 的水平下显著。

资料来源：笔者计算所得。

7.3　本章小结

从规模效应和技术应用效应两个方面开展了农业组织化对棉花生产技术效率影响路径和机理研究。

在影响路径方面，通过格兰杰因果检验，摸清农业组织化、规模经营、技术应用和棉花生产技术效率之间的影响关系，为下一步影响机理的检验打下基础。通过分析研究发现，农业组织化可以推动规模经营的发展，进而推动棉花生产技术效率的提高；同时，农业组织化可以推动技术应用的发展，进而推动棉花生产技术效率的提高。

在影响机理方面，首先，在农业组织化的规模效应检验中，采用劳均棉花面积作为被解释变量，检验了农业组织化对劳均棉花面积的影响。研究表明，农业组织化与劳均棉花面积之间存在正相关关系，即随着农业组织化水平的提升，劳均棉花面积也会相应地增加。为了更好地证明这一结论，我们采用了面板固定效应模型，以便更加准确地评估农业组织化对劳均棉花面积的影响。通过研究发现，在控制了农业固定资产投资、有效灌溉率等一系列变量的情况下，农业组织化水平确实显著地促进了劳均棉花面积的提升。其次，在农业组织化的技术应用效应检验中，采用机采棉占比作为技术应用和扩散的度量指标，检验了农业组织化对机采棉占比的影响。农业组织化与机采棉占比的散点图显示，农业组织化对机采棉占比呈现出正向相关关系，农业组织化水平越高，机采棉占比就越高。根据县市面板数据的检验证明，即使在考虑到农业固定资产投资、有效灌溉率等多种因素的情况下，农业组织化水平也能够显著提升机采棉占比。最后，本章还通过实证分析，探讨了劳均棉花面积和机采棉占比对棉花生产技术效率的重要影响。此外，经过研究发现，不管是单一变量还是多变量，加入了控制变量，劳均棉花面积和机采棉占比的增加都会显著地提高棉花生产技术效率。同时，通过交互项的实证方法对农业组织化的两个机理进行了验证。

第8章　农业组织化对新疆棉花生产技术效率的直接影响分析

通过前文中组织化对技术效率的影响研究论述发现，组织化与生产技术效率之间存在一定关系，并且组织化还可以推动技术效率的提升。鉴于此，本章提出假设，在给定其他条件下，农业组织化水平的提高可以促进新疆棉花生产技术效率的提升。下文将给出论证检验。基于静态和动态视角，通过构建固定效应模型和面板自向量回归模型，来验证农业组织化对棉花生产技术效率的影响，以此确定农业组织化是不是推动棉花生产技术效率增长的有效驱动因素。

8.1　基于静态视角农业组织化对棉花生产技术效率的直接影响分析

8.1.1　数据来源及描述性分析

8.1.1.1　数据来源

本章在研究中主要设置两大变量，一是因变量即解释变量，二是自变量，而自变量主要分为核心解释变量与控制变量，每一个变量的具体表示和意义解释如下（见表8-1）：

表8-1　模型涉及的三类变量及其计算方法

变量类型	变量名称	变量计算的方法
被解释变量	棉花生产技术效率（TE）	—
核心解释变量	组织化程度（org）	—

续表

变量类型	变量名称	变量计算的方法
控制变量	农业全社会固定资产投资比例（fixed-R）	农业全社会固定资产总额/全社会固定资产总额
	第一产业就业人员比例（pri-R）	第一产业就业人员数量/乡村就业人员数量
	有效灌溉率（irr-R）	有效灌溉面积/农作物播种面积

第一，棉花生产技术效率（TE）。19 个棉花主产县市的棉花生产技术效率 TE。该指标由第 5 章数据计算而来。

第二，农业组织化水平（org）。本书研究的核心解释变量为农业组织化水平。本书是以 2009~2019 年的面板数据开展研究，鉴于棉花主产县市农业生产基本围绕棉花种植生产来开展，本书就用农业组织化水平代替了棉花生产组织化水平来开展研究。农业组织化水平由第 6 章数据计算而来。

第三，影响棉花生产技术效率的因变量有很多，除了农业生产经营组织化水平以外，还应该考虑其他影响棉花生产技术效率的因变量。一是农业全社会固定资产投资比例 fixed-R；二是第一产业就业人员比例 pri-R；三是有效灌溉率 irr-R。

8.1.1.2　数据描述性统计

棉花生产技术效率是根据《新疆农牧产品成本收益资料汇编》中数据计算而来；各县市全社会固定资产投资、第一产业就业人员、乡村就业人员、有效灌溉面积等均来自 2010~2020 年的《新疆统计年鉴》；合作社的农户数、从事家庭生产经营的劳动力数等均来自新疆农业相关部门 2009~2019 年的统计年报。棉花生产技术效率和组织化程度变量描述性分析的情况如表 8-2 所示。

表 8-2　变量的描述性分析

变量表达形式	变量名称	均值	标准差	最小值	最大值
TE	棉花生产技术效率	0.8827	0.0790	0.6100	0.9800
org	组织化程度	0.2180	0.0120	0.0200	0.5300

资料来源：《新疆统计年鉴》《中国县域统计年鉴》（2010~2020 年），2010~2020 年哈密、吐鲁番、昌吉州、博州、塔城、巴州、喀什统计年鉴，2009~2019 年农业相关部门统计数据。

8.1.2 面板单位根检验和协整检验

为了使所构建的模型能够与实际情况相契合，保证检验结果能够科学、合理精准，在进行模型论证之前，需要采用面板 ADF 检验和 JJ 协整检验两种检验方法对模型数据进行检验。

8.1.2.1 面板单位根检验

目前学者对面板单位根检验较常用的有四种方法。本书为了提高研究的准确性和科学性，有效避免回归的虚假性，主要采用了 HT、IPS 和 ADF-Fisher 这三种检验方法，具体检验的结果如表 8-3 所示：

表 8-3 面板模型的单位根检验

变量		HT 检验	IPS 检验	ADF-Fisher 检验	检验结果
lnTE	统计值	−0.0121	−5.1575	4.1565	平稳
	P 值	0.0000	0.0000	0.0000	
lnorg	统计值	−0.3321	−6.7545	2.0897	平稳
	P 值	0.0000	0.0003	0.0183	

资料来源：笔者计算所得。

表 8-3 中列出了面板模型 HT、IPS、ADF-Fisher 三种检验的结果。通过检验结果发现：lnTE、lnorg 在三种情形下的检验统计值都离临界值的差距比较大，都通过了显著性水平检验，假设是不成立的，这一结果表明 lnTE 和 lnorg 是平稳的。后面就可以进行面板数据协整关系的检验了。

8.1.2.2 协整检验

通过分析检验得出如表 8-4 所示结果，其检验结果显示，Gt、Ga、Pt、Pa 四个统计量中有三个检验结果的 P 值为 0。因此，我们认为，以上面板模型的设立是相对科学合理、真实可靠的。

表 8-4 面板模型的协整检验

	Value	P-value
Gt	−2.703	0.0000
Ga	−6.451	0.0060
Pt	−9.887	0.0000
Pa	−5.167	0.0000

资料来源：笔者计算所得。

同时,又用 Pedroni 和 Kao 检验方法开展了协整检验。通过分析检验,得出如表 8-5 所示的结果。以上结果显示,在 Pedroni 和 Kao 两种检验方法下都通过了显著性水平为 1%的检验。说明在样本考察期内,全样本统计变量之间的协整关系都是比较明显的。有鉴于此,本书认为,以上面板模型的设立是相对科学合理、真实可靠的。

表 8-5　面板模型的协整检验

统计指标	总体水平
Pedroni	− 10. 4065 *
Kao	− 8. 696 *

注: ∗表示在 1%的水平下显著。
资料来源:笔者计算所得。

8.1.3　相关性分析

通过相关性分析,我们可以更好地理解两个或更多变量之间的关系,并且可以更准确地预测它们之间的相关性,这是回归分析的基础。相关性分析是研究元素之间的关联性,而这种关联性并不是因果关系。各变量的相关性分析情况如下:

第一,农业组织化和新疆棉花生产技术效率之间的相关性系数为 0. 295,并且其检验的 P 值为 0. 1,由此说明它们两者之间是存在相关关系的,并且这种影响是正向的,也就是说农业组织化水平的提升,可以推动新疆棉花生产技术效率的提升。

第二,第一产业就业人员比例与农业组织化水平呈现负向相关关系,并且其检验的 P 值为 0. 01。说明第一产业就业人员数量的增加,对棉花生产技术效率的提升并不能起到正向促进作用。

第三,灌溉率的提高可以显著推进棉花生产技术效率的提升。

综合上述对相关性系数的分析发现,农业组织化水平的提升对新疆棉花生产技术效率的提升是有推动作用的。

在进行多元回归之前,本部分通过方差膨胀因子(VIF)来有效地检测核心变量是否具有多重共线性,这样可以有效地防止由于这种共线性导致假回归现象的发生。从而避免因为多重共线性问题存在而引起伪回归现象的产生。通过检验得出各变量的方差膨胀因子如表 8-6 所示。发现最大值为 1. 23,最小值为 1. 00,平均值为 1. 14。经过统计分析发现,这些数据的平均值大约为 1,这显然比阈值

10 小，表明这些数据没有共线性。即可有效降低伪回归现象发生的可能性，为下文进行多元回归排除了共线性引起的干扰。

表 8-6　模型变量的方差膨胀因子

变量名称	VIF 值
org	1.14
fixed-R	1.00
pri-R	1.23
irr-R	1.19
平均值	1.14

资料来源：笔者计算所得。

8.1.4　模型回归与分析

基于以上相关检验和推论，本部分通过构造面板模型，利用如下模型直接分析了农业组织化等因素对棉花生产技术效率的直接作用。由此验证，农业组织化和棉花生产技术效率之间存在关系。其构建的模型表达式如下：

$$TE = \alpha_1 + \alpha_2 \ln org + \alpha_3 \ln fixed\text{-}R + \alpha_4 \ln pri\text{-}R + \alpha_5 \ln irr\text{-}R + \varepsilon \qquad (8\text{-}1)$$

对数据进行固定效应回归后的检验结果，如表 8-7 所示。

表 8-7　农业组织化与棉花生产技术效率的固定效应检验

解释变量	被解释变量 lnTE
ln(org)	0.032**
ln(fixed-R)	−0.029
ln(pri-R)	−0.008
ln(irr-R)	0.007***
cons	−0.874**

注：** 和 *** 分别表示在 5% 和 10% 的水平下显著。

资料来源：笔者计算所得。

经过统计分析，在新疆整体范围内，农业组织化的实施对于提高棉花生产技术效率起到了积极的推动作用，且通过了显著性水平为 5% 的检验，即农业组织化水平每提升 1%，棉花生产技术效率就会提升 0.032%。第一产业就业比例和农业固定资产投资比例这些变量都未通过显著性水平检验。有效灌溉率对棉花生产技术效率的影响显著为正。

8.2　基于动态视角农业组织化对棉花生产技术效率的直接影响分析

在 8.1.2 中对模型数据做了面板单位根检验和协整检验，这里就不再重复检验。

8.2.1　最优滞后阶数和格兰杰检验

为了使模型估计参数更加合理和高效，需要进一步通过检验敲定面板模型的最优滞后阶数。由于样本数据量相对不是很多，本书并不适合选择太多的滞后阶数。通过表 8-8 可以看出，MBIC、MAIC 和 MQIC 准则下，数据最小的情况是滞后 2 阶为最优，因此，本部分就选择了最大滞后阶数 P=2。

表 8-8　最优滞后阶数检验结果

滞后阶数	MBIC	MAIC	MQIC
1	−27.619	5.216	−8.11
2	−28.592	−6.702	−15.586
3	−11.909	−0.964	−5.406

资料来源：笔者计算所得。

由于格兰杰因果关系检验在第 7 章中做过，这里就不单独再做。模型的稳定性是开展脉冲响应和方差分解的前提条件，本书接下来对模型的稳定性进行检验。检验结果如图 8-1 所示。通过检验发现，由 lnTE 和 lnorg 构建的面板自向量回归模型共有 4 个特征根，并且其特征根全部在单位圆内，即通过了稳定性检验。本书所构建的滞后 2 期的 PVAR 模型具有稳定性（王德振，2022）。

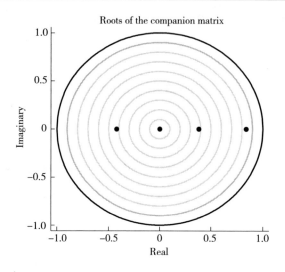

图 8-1　单位根检验

资料来源：笔者计算所得。

8.2.2　脉冲响应

为分析农业组织化与棉花生产技术效率之间的动态关系，在进行了 200 次蒙特卡洛模拟以后得到了如图 8-2 所示的滞后 10 期的脉冲响应检验结果。图中横轴为冲击作用的响应期数，设定为 10 期，纵轴为受到冲击后变量的响应，曲线代表脉冲响应函数。通过检验结果发现，4 个函数都呈现出了收敛的状态，说明该模型是具有研究意义的。当棉花生产技术效率受到自身的冲击时，当期达到正向最大值，第四期下降至 0 以后波动基本消失。表明棉花生产技术效率对自身的增长有显著的正效应，从长期来看具有自我促进和自我激励的作用。当农业组织化受到棉花生产技术效率的冲击时，初期为 0 值，随后第二期降至最低点而后上升，第三期后趋近于 0 直至消失，说明棉花生产技术效率对农业组织化的推动作用还不明显和稳定。当棉花生产技术效率受到农业组织化水平的冲击时，第一期的影响最大，并且影响方向是正向的，至第八期降至 0，说明长期内农业组织化对棉花生产技术效率的提高有促进作用。农业组织化水平受到自身的冲击时，当期达到正向最大值，在第一期急剧下降，之后趋近于 0 值，表明农业组织化水平在初期对自身有显著的正效应，从长期看存在自我促进和激励的作用（金阳和满桐彤，2022）。

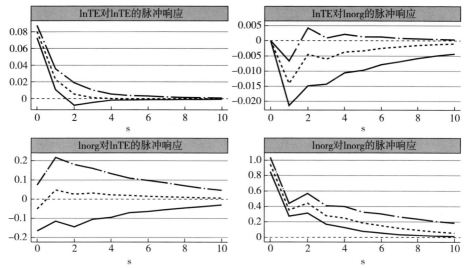

Impulse-responses for 2 lag VAR of Y X1

Errors are 5% on each side generated by Monte-Carlo with 200 reps

图 8-2 农业组织化对棉花生产技术效率影响的脉冲响应图

资料来源：笔者计算所得。

8.2.3 方差分解

在 PVAR 模型分析过程中，方差分解是对脉冲响应分析的完善和补充，它可以解释发生结构性冲击后，其对内生变量发生的变化产生了多大程度上的贡献。为了更精确地分析农业组织化对棉花生产技术效率之间的影响大小和时效，通过模型系统的方差分解的方法进一步衡量各要素变量在受到"本身"以及其他变量外部冲击而产生变动的大小和比例，即相对方差贡献率（叶惠娟和叶阿忠，2022；张欢，2021）。

表 8-9 的检验结果表明，第一阶段，lnTE 的变动完全由自身变动所决定，接下来自身变动的决定作用不断减弱，直到第八期以后趋于稳定，作为被冲击变量的 lnorg 各期结果基本不变，预测方差分解变化很少，系统较为稳定，继续延长预测期对系统结果几乎没有什么影响。说明对于棉花生产技术效率的提高，其自身的贡献度是 96%，农业组织化对其贡献度为 4%。

表 8-9　lnTE 和 D_lnorg 的方差分析结果

	s	lnTE	lnorg
lnTE	1. 000	1. 000	0. 000
lnorg	1. 000	0. 003	0. 997
lnTE	2. 000	0. 973	0. 027
lnorg	2. 000	0. 005	0. 995
lnTE	3. 000	0. 970	0. 030
lnorg	3. 000	0. 005	0. 995
lnTE	4. 000	0. 965	0. 035
lnorg	4. 000	0. 005	0. 995
lnTE	5. 000	0. 963	0. 037
lnorg	5. 000	0. 005	0. 995
lnTE	6. 000	0. 962	0. 038
lnorg	6. 000	0. 005	0. 995
lnTE	7. 000	0. 961	0. 039
lnorg	7. 000	0. 005	0. 995
lnTE	8. 000	0. 960	0. 040
lnorg	8. 000	0. 005	0. 995
lnTE	9. 000	0. 960	0. 040
lnorg	9. 000	0. 005	0. 995
lnTE	10. 000	0. 960	0. 040
lnorg	10. 000	0. 005	0. 995

资料来源：笔者计算所得。

8.3　稳健性检验

第 5 章关于棉花生产技术效率的测算是在构建 SFA 模型的基础上开展的。本节将利用 DEA-BCC 模型和超效率 DEA 模型进行测度并开展稳健性检验。同时也为下文农业组织化对棉花生产技术效率的空间影响效应的稳健性检验做好铺垫。

8.3.1　模型设置

8.3.1.1　DEA-BCC 模型

数据包络分析（DEA）方法的主要原理是，在保证决策单元输出或者输入不变的前提条件下，通过数学规划和数理统计等方法来找出相对有效的 DEA 生产前沿面，然后将样本决策单元投影到这一相对有效的 DEA 生产前沿面上，最后通过样本决策单元与相对有效的 DEA 前沿面之间的偏离程度来界定和评估它们之间的相对有效性。DEA-CCR 模型是由美国学者 Charnes 等（1978）提出来的，其模型研究的假设前提是规模报酬不变，在这一模型和假设前提下计算出来的效率值就是综合技术效率。随后，Banker（1984）基于以上研究，在规模报酬可变的假设前提下，形成了 DEA-BCC 模型，在这种模型的假设前提下，又将综合技术效率值分解为纯技术效率和规模效率，即综合技术效率值等于纯技术效率和规模效率的乘积（郭冉冉等，2017）。

DEA-BCC 模型构建的表达式如下：

$$\begin{cases} \min\left[\theta - \varepsilon(e_m^T s^- + e_s^T s^+)\right] \\ \sum X_i \lambda_i + s^- = \theta X_0 \\ \sum Y_i \lambda_i - s^+ = Y_0 \\ \sum \lambda_i = 1 \\ s^+ \geqslant 0,\ s^- \geqslant 0,\ \lambda_i \geqslant 0,\ i = 1,\ 2,\ \cdots,\ n \end{cases} \tag{8-2}$$

其中，θ 表示决策单元的效率指标（指投入相对于产出的有效利用程度），ε 表示大于零的非阿基米德无穷小量；$e_m^T = (1,\ 1,\ \cdots,\ 1)T \in E^m$，$e_s^T = (1,\ 1,\ \cdots,\ 1)T \in E^s$。$X_i$ 表示 DMU_i 的投入要素集合；Y_i 表示 DMU_i 的产出要素集合，s^- 为输入的松弛变量，表示投入冗余；s^+ 为输出松弛变量，表示产出不足。λ 表示权重，即相对于 DMU_{io} 重新构造一个有效 DMU 组合中第 i 个决策单元 DMU_i 的组合比例。而 $\sum \lambda_i = 1$ 表明规模报酬可变，将这个限制条件去掉，即为 CCR 模型的数学表达式。

表达式的经济含义：当 $\theta_0 = 1$，$s^{-0} = s^{+0}$ 时决策单元 i_0 是 DEA 有效的，即在这 n 个决策单元组成的经济系统中，在原投入 X_0 的基础上所获得的产出 Y_0 已达到最优；当 $\theta_0 = 1$，s^{-0} 或 s^{+0} 至少有一个不为 0 时，决策单元 i_0 是 DEA 弱有效的，即在这 n 个决策单元组成的经济系统中对于投入 X_0 可减少 s^- 而保持原产出 Y_0 不变，或在投入 X_0 不变的情况下可将产出提高 s^+；当 $\theta_0 < 1$ 时，决策单元 i_0 是 DEA 无效的（郭冉冉等，2017）。

8.3.1.2 超效率模型

鉴于在采用 DEA-BCC 模型对棉花生产技术效率进行测算分析时，其技术效率可能会出现比较多的 1。而此时对一些技术效率等于 1 的县市技术效率水平高低就不能进行比较和衡量。基于这一问题，Andersen 和 Petersen（1993）提出了 DEA 的"超效率"（Super- Efficien-cy）模型，这一模型被用来衡量不同地区的经济发展水平，从而有助于更好地评估各地区的经济发展水平。因此，本书接下来将采用超效率的 DEA-BCC 模型对棉花生产技术效率进行测算分析（郭冉冉等，2017）。

8.3.2 数据来源及处理

本节所选取的数据为第 4 章中产出变量为棉花的单位产量（公斤/亩），投入变量为棉花生产的单位人工（工日/亩）、化肥投入（公斤/亩）和单位机械费用（元/亩）。样本时间为 2009~2019 年。

8.3.3 实证结果分析及检验

在对农业组织化水平、新疆棉花生产综合技术效率和纯技术效率进行固定效应回归后的检验结果如表 8-10 所示。无论解释变量为棉花生产综合技术效率还是纯技术效率，农业组织化对新疆棉花生产技术效率的影响作用都是正向的。纯技术效率的正向促进作用不太显著，说明农业组织化对新疆棉花综合技术效率的提升，更多的是靠规模效率来推动的。

表 8-10　农业组织化与棉花生产技术效率的固定效应检验

解释变量	被解释变量为综合技术效率	被解释变量为纯技术效率
ln（org）	0.0323***	0.0081
ln（fixed-R）	0.0119	0.0032
ln（pri-R）	−0.011	0.018
ln（irr-R）	0.0024***	0.0026***
cons	−0.2093	0.276

注：***表示在 10%的水平下显著。

资料来源：笔者计算所得。

8.4　异质性分析

鉴于南北疆地区农业生产条件、经济社会发展以及农民教育文化水平等环境条件的不同，其农业组织化水平对其棉花生产技术效率的影响会不会出现不同呢，本书对南北疆的情况开展了异质性分析，通过检验发现（见表 8-11），无论在南疆地区还是北疆地区，农业组织化水平对其棉花生产技术效率的影响作用都是正向的，但是其影响程度有所不同，北疆地区农业组织化水平对其棉花生产技术效率的影响程度要小于南疆地区。其他影响因素对其棉花生产技术效率的影响方向基本一致，就是在影响的显著性上略有不同。灌溉率对棉花生产技术效率的影响在北疆地区更为显著。

表 8-11　农业组织化对棉花生产技术效率影响的异质性分析结果

解释变量	北疆地区	南疆地区
$\ln(\text{org})$	0.022*	0.0414**
$\ln(\text{fixed-R})$	−0.02	−0.007
$\ln(\text{pri-R})$	−0.05	0.009
$\ln(\text{irr-R})$	0.06	0.007
cons	−0.13**	−0.077*

注：＊和＊＊分别表示在 1% 和 5% 的水平下显著。

资料来源：笔者计算所得。

8.5　本章小结

基于固定效应模型和面板自向量回归模型，研究了农业组织化对棉花生产技术效率的影响，通过检验得出以下结论。

首先，对农业组织化水平与新疆棉花生产技术效率之间相关性进行验证，通过检验发现，农业组织化水平与新疆棉花生产技术效率之间存在正向的相关关系，相关性系数为 0.295，并且通过了显著性水平为 10% 的检验。其次，基于静态视角，通过选择固定效应模型，开展了农业组织化对棉花生产技术效率提升作用的检验。检验发现，农业组织化水平在原有水平上提高 1%，就会推进棉花生产技术效率提高 0.032%。再次，基于动态视角，通过面板自向量回归模型检验发现，长期来看，对于棉花生产技术效率的提高，其自身的贡献度是 96%，农业组织化对其贡献度为 4%。通过变换技术效率的测算方法，采用超效率 DEA-BCC 模型，对棉花生产技术效率进行重新测算。结果发现，无论是棉花生产综合效率还是纯技术效率，农业组织化水平对其都有着促进作用。最后，针对南北疆地区社会经济和环境条件的不同，开展了异质性分析。通过分析发现，无论在南疆地区还是北疆地区，农业组织化水平对其棉花生产技术效率的影响作用都是正向的。

第9章 农业组织化对新疆棉花生产技术效率直接影响的溢出效应分析

本章在第8章机理验证的基础上，通过构建纳入空间效应的实证模型，检验分析农业组织化对棉花生产技术效率的空间影响效应。

9.1 计量模型及数据介绍

从国内外已有的研究文献来看，获得了如下评述：第一，在组织化对棉花技术效率之间的影响研究方面，大多集中在对比研究方面，即在参加专业合作社和不参加专业合作两种情况下，棉花生产效率的高低比较，这种比较却忽略了两者之间是否存在线性和非线性关系的研究。第二，由于各个样本区域之间自然资源、社会发展环境等情况的不同，传统的空间同质性假说在解释农业组织化对棉花生产技术效率的影响方面还存在不足。第三，过去学者大部分是利用时间序列数据来展开研究的，缺乏对空间面板回归模型的介绍和实证检验。

针对上述情况，本书整理和总结了已有研究的情况和结论，基于此，从农业专业合作社的角度出发，通过建立空间面板回归模型，分析农业组织化对棉花生产技术效率的空间影响效应，为深入探究农业组织化对棉花生产技术效率的影响提供理论支撑，为提升棉花生产技术效率提供经验。

9.1.1 空间计量模型

本章建立的空间计量模型，它以区域内各个变量之间的数量关系相互独立为基础，在互不影响的假设前提下。由于地区内部自然资源、社会环境基础之间的不同导致了它们的经济发展特征就会有所不同。Anselin 等（1998）研究表明，区域间的经济发展特征并非孤立存在，它的经济发展特征和邻近地区的经济发展特征有一定相互作用关系（技术的溢出效应），也就是空间相关性。同时，这种联系还表现为地理距离上的远近。已有研究显示，地区农业生产技术具有一定的空间自相关性，且溢出性强。这种现象的出现说明了农业技术创新具有显著的外溢效应，而这些因素对于农业技术创新的扩散起着重要作用。鉴于以上原因，本章从空间数量关系视角，通过建构空间计量经济学模型，采用了传统统计与现代计量经济学相结合的方式，研究分析各变量的互动情况，实证考察农业组织化对棉花生产技术效率空间溢出效应。目前，学术界比较常见的三种空间计量模型是：空间误差模型（SEM）、空间滞后模型（SLM）与空间杜宾模型（SDM）。

基于以上三种模型，结合数据的实证检验，本章主要采用以空间杜宾模型为例开展研究，建立了如下空间计量模型：

$$\ln TE_{it} = \rho W \ln TE_{it} + \sum_{i=1}^{i=t} \beta_i X_{j,\,it} + DX_{it}\theta + \mu_i + \gamma_i + V_{it} \tag{9-1}$$

$$V_{it} = \lambda EV_{it} + \varepsilon_{it} \tag{9-2}$$

其中，被解释变量 TE_{it} 表示棉花生产技术效率；$\rho W \ln TE_{it}$ 表示棉花生产技术效率的空间滞后项；W 表示反映个体在空间中依赖关系的空间矩阵；ρ 表示空间滞后项的系数。$X_{i,it}$ 表示核心解释变量农业组织化水平（org），以及与其研究相关的控制变量，其中控制变量分别为各县市农地经营规模（scale）、城镇化水平（urban）、经济发展水平（pgdp）等。

$DX_{it}\theta$ 表示解释变量的空间滞后项；D 表示对应的空间权重矩阵；θ 表示变量空间滞后项中系数的大小；μ_i 表示地区固定效应；γ_i 表示时间效应；λEV_{it} 表示扰动项的空间滞后；E 表示扰动项的空间权重矩阵；λ 表示对应的系数。上述模型是一般化的空间计量模型，具体划分为以下三种情况：

若 $\lambda = 0$，以上模型则化解为空间杜宾模型（Spatial Durbin Model，SDM）；若 $\lambda = 0$ 且 $\theta = 0$，以上模型则化解为空间自回归模型（Spatial Auto-regression Model，SAR）；若 $\rho = 0$ 且 $\theta = 0$，以上模型则变为空间误差模型（Spatial Error Model，SEM）。

在对解释变量之间的空间关联性进行研究时，空间误差模型（SEM）是不能用来很好地测度解释变量之间空间溢出效应的。而一般的空间自回归模型（SAR）是不考虑误差项之间的空间依赖性的，进而使得模型估计的有效性就不是很高。

由于 SAR 模型和 SER 模型的特点和局限性，一些学者提出了一种空间杜宾模型（SDM），可以同时测量被解释变量的空间溢出效应和误差项的空间依赖性，还能够解释变量之间的空间关联效应（Scott 等，2019）。因此，本章以新疆棉花生产情况为例开展了实证研究。这部分的研究不仅要衡量 19 个棉花主产县市棉花生产技术效率的相关性（对应系数为 ρ 或 λ），而且还要研究农业组织化对棉花生产技术效率的溢出效应是否存在（对应 DX_{it} 的相应系数）。本章在综合考虑模型空间依赖性测试结果的基础上，以空间杜宾模型（SDM）为主要分析模型。

9.1.2　空间权重矩阵

空间权重矩阵是空间计量模型研究中必须要有的元素。它表示空间截面单元中部分地理属性值或经济属性值相互关联依存的程度，它在理论分析中是联系空间计量模型和真实世界空间效应之间的一个重要环节。为了刻画 19 个棉花主产县市间地区农业组织化对棉花生产技术效率方面的空间关联关系，其最重要的一步就是建立空间权重矩阵。在学术界研究中空间权重矩阵的一般表达式如下：

$$W_{ij} = \begin{bmatrix} 0 & W_{12} & \cdots & W_{1n} \\ W_{21} & 0 & \cdots & W_{2n} \\ \vdots & \vdots & \ddots & \vdots \\ W_{n1} & W_{n2} & \cdots & 0 \end{bmatrix} \tag{9-3}$$

其中，n 表示空间截面单元的数量，在空间上各个截面单元的相互之间的作用信息是由个体 $i \neq j$ 表征；矩阵元素都是先前就知道的常数，属外生性变量；主对角线中所有元素取值都是 0，这就假定任何空间截面单元都不会与它本身发生空间的交互作用（或者说明在相同地区，经济上、地理上等距等于零）；在研究时，通常安排把矩阵元素单位化处理。即：

$$W_{ij} = \frac{W_{ij}}{\sum_j W_{ij}} \tag{9-4}$$

在以往学者对空间计量的研究方面，最常使用的就是基于邻接关系构建而成的邻接权重矩阵。它是按照空间截面单元之间是否相邻进行赋值，若两个空间截面单元拥有相同的边界，赋值等于 1，反之赋值等于 0，这使得邻接权重值仅依赖于空间横截面单元的邻近程度。因此，如何利用邻近属性来构造具有一定时空相关性和区域特色的权重矩阵，已成为当前空间计量经济学领域一个值得关注的研究课题。在此基础上，借鉴王守坤（2013）、傅鹏等（2018）对空间权重矩阵的研究，分别构造了如表 9-1 所示的两类空间权重矩阵：一是利用区域相邻关系，构建的 rook 邻接权重矩阵；二是根据两地之间公路行驶的公里数，来建立地理距离权重矩阵。

表 9-1　空间权重矩阵及表征方法

权重类型	符号	意义	计算方法	说明
邻接权重矩阵	W_1	县（市）之间是否相邻	$W_{ij} = \begin{cases} 0 \\ 1 \end{cases}$	0 代表不相邻，1 代表相邻
地理距离权重矩阵	W_1	县（市）之间地理上的差距	$W_{ij} = \dfrac{1}{hDistance}$	hDistance 代表从一个县（市）行政中心到另一个县（市）行政中心行驶公路所需的公里数

注：①W_1 权重矩阵中 hDistance 用各县（市）行政中心的公路作代表，测算数据来自百度地图。②所有权重矩阵 W_n（n=1，2，3）的主对角元素值都为 0。

资料来源：笔者计算所得。

9.1.2.1　邻接权重矩阵

国外文献中最早的空间计量模型是从邻接矩阵（Contiguity Based Spatial Weights Matrix）开始的，邻接矩阵在国内应用也最为广泛，根据相邻标准定义的空间邻接矩阵，设有 n 个空间单元，X_i 代表在第 i 个空间单元的属性值，X 是 X_i 的平均值。空间变量是一空间单元内的直接观察值或样本统计量，但要求变量满足正态分布假设。邻接权重矩阵分为一阶邻接和高阶邻接两类。其中，一阶邻接矩阵（First Order Contiguity Matrix）也叫二进制邻接矩阵（Binary Contiguity Matrix），它假定空间截面之间只要拥有非零长度的共同边界时，空间交互作用就会发生，赋值规则为相邻空间截面 i 和 j 有共同的边界用 1 表示，反之以 0 表示。进一步地，设置一阶邻接矩阵时可以采用车相邻（Rook Contiguity）、后相邻（Queen Contiguity）以及象相邻（Bishop Contiguity）三种邻接规则。邻接权重矩阵成立的理论假设是空间截面之间的空间影响只取决于是否相邻，也就是任何一个空间截面个体与其相邻空间截面个体之间的空间影响程度都是相同的，所有其他不相邻的空间截面个体之间的空间影响强度为 0（陈强，2017）。三种具体邻接关系如图 9-1 所示。

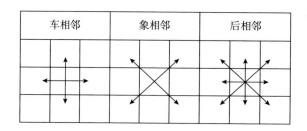

图 9-1　邻接权重矩阵的相邻关系

资料来源：陈强. 高级计量经济学及 Stata 应用（第二版）［M］. 北京：高等教育出版社，2017.

在一个空间结构中，可以通过对当中的变量进行分析来获得其统计信息。这些变量可以通过对其进行分类来得到，并且可以满足正态分布假设。同时，一阶邻接矩阵（First Order Contiguity Matrix），又称二进制相邻矩阵（Binary Contiguity Matrix），可以用来描述两种空气截面之间的关系，即当两种截面有着相等的非零尺寸的一致界限时，这两种矩阵可以用来描述两种空气的关系。当 i 与 j 之间发生空气交互时，1 将被赋予一个明确的界限，0 则被赋予一个不明确的界限。进一步提出，在构建一个一维的邻接矩阵时，可以使用东相邻、后相邻或象相邻三种不同的规则（项歌德等，2011；潘宇瑶，2016；陈强，2017）。$X_i X_i$ 根据邻接权重矩阵的理论，空间中的物体之间的关系仅仅取决于它们是否相邻，因此，每一个物体对周围物体的影响程度都是一致的，而其他物体对周围物体的影响则是 0。

9.1.2.2 距离权重矩阵

地理学第一定律揭示：任何事物之间都是有联系的，并且距离最近的两个事物之间的关系要比距离远的关系更加紧密。它反映出社会经济活动在地理空间分布上是相互相关的，而这种相关性是随着距离的扩大而不断减少的。基于以上思想，学者构建出了地理距离空间权重矩阵，其表达式如下：

$$w_{ij} = = \begin{cases} \dfrac{1}{d_{ij}}, & i \neq j \\ 0, & i = j \end{cases} \tag{9-5}$$

其中，d_{ij} 表示县市 i 距离县市 j 的一个衡量指标。本章主要以两个县市之间的公路行驶距离来进行衡量，由此获取的距离权重矩阵意味着，县市之间的空间作用是随着公路距离的增加而不断减少的（项歌德等，2011；Mathur，2015；潘宇瑶，2016；陈强，2017）。

9.2 农业组织化对棉花生产技术效率的空间溢出效应

9.2.1 空间自相关性检验指标

在使用非参数探索性空间数据分析方法（ESDA）做研究时，第一步就是要做空间依赖性的检验和判断，若样本期内样本观测数值的分布上具有一定的空间依赖性，就考虑用空间计量的方式来开展研究，否则，则使用普通的计量经济学方法就可以了。那么，如何来验证样本数据值之间是否具有空间关联性呢？目前，被学者所推崇的就是"空间自相关"这一指标。空间自相关这一工具是用来检验某一区域变量的值与其相邻区域变量的值是否存在关系。空间自相关根据研究视角的不同，可以分为全局自相关和局部自相关。全局自相关分析涉及对整个地图模式的研究，通常会询问是否显示聚类的问题。局部自相关将重点转移到全局模式内进行探索，以识别可能驱动整体聚类模式或反映偏离全局模式异质性的聚类或所谓的热点（郝春虹和刁璟璐，2019）。如果出现"高—高"和"低—低"集聚在一起的现象，就称这种现象为"正向的空间自相关"（Postive Spatia-lautocorrelation）；如果出现"高—低"和"低—高"集聚在一起的现象，就称这种现象为"负向的空间自相关"（Negative Autocorrelation）；若高值和低值没有呈现出规律性的集聚现象，就称这种现象为无空间自相关关系。Moran 介绍了空间自相关的第一个度量方法，以研究在空间中分布在两个或多个维度的随机现象。Moran 的 Morans I 随后被用于几乎所有采用空间自相关的研究中。而在非参数探索性空间数据分析方法中，最常见的也就是全局莫兰指数和局部莫兰指数。另外，衡量空间自相关的指标方法还有很多，像 Gearys C、Getis-Ord-Gi 等方法，但是莫兰指数是最常用的。本章将根据全局莫兰指数和局部莫兰指数来测度农业组织化水平与棉花生产技术效率的空间自相关性（项歌德等，2011；Mathur，2015；潘宇瑶，2016；陈强，2017）。

9.2.1.1　全局莫兰指数 I

全局莫兰指数 I。它主要用来衡量样本考察期内整体的样本数据在空间分布上是否出现了集聚情况或异常值。它的数值在 -1~1。当莫兰指数的取值大于零的时候，代表样本数据在分布上存在正向的空间自相关关系，也就是说，存在"高—高"和"低—低"的集聚现象。当莫兰指数的取值小于零的时候，代表样本数据分布存在负向的空间自相关关系，也就是说，存在"高—低"和"低—高"的集聚现象。当莫兰指数趋近于 0 时，则表现为随机分布的现象，此时说明样本数据分布不存在空间自相关关系。通常情况下，全局莫兰指数 I 的表达式如下：

$$S^2 = \frac{\sum_{i=1}^{n}(x_i - \bar{x})^2}{n} \tag{9-6}$$

$$I = \frac{\sum_{i=1}^{n}\sum_{j=1}^{n}w_{ij}(x_i - \bar{x})(x_j - \bar{x})}{\sum_{i=1}^{n}(x_i - \bar{x})^2} \tag{9-7}$$

其中，S^2 表示样本方差的计算表达式；w_{ij} 表示空间权重矩阵的（i，j）元素。Moran's I 相当于是样本观测值与空间滞后（Spatial Lag）之间的相关系数。为了使得我们可以更好地理解，如果把样本观测值与其空间滞后之间的关系表达出来，用散点图的形式表现在二维坐标图上，那么就形成了"莫兰散点图"（Moran Scatter Plot）。而在莫兰散点图中，莫兰指数的值就形成了一条斜线。而在实际操作中，很多学者通常是将空间权重矩阵实施标准化处理，这样做的好处在于，在对空间权重矩阵 W 进行标准化处理后与 X 进行乘积，就可以计算出每一个区域相邻区域的均值（项歌德等，2011；Mathur，2015；潘宇瑶，2016；陈强，2017）。将莫兰指数求解后的公式进行标准化处理后如下：

$$I = \frac{\sum_{i=1}^{n} \sum_{j=1}^{n} w_{ij}(x_i - \bar{x})(x_j - \bar{x})}{S^2 \sum_{i=1}^{n} \sum_{j=1}^{n} w_{ij}} \tag{9-8}$$

在对莫兰指数经过标准化的处理后，它是符合 N(0，1)正态分布的。那么，如何确定计算出的莫兰指数是否科学合理、适宜准确呢。经过学者的研究和论证，需要对莫兰指数的正态分布进行 Z 值的检验。通过 Z 值的大小来判断莫兰指数是否显著，通常情况下，是要将计算出的 Z 值与 0.1、0.05 和 0.01 三个数值进行比较，如果 Z 小于 0.1，则表示莫兰指数在 10% 的检验水平下是显著的，同样，在 5% 和 1% 水平下显著。一般地，对 Z 值正态分布进行假设检验的公式表示：

$$\text{Moran's I}^* = \frac{[\text{Moran's I} - E(\text{Moran's I})]}{\sqrt{\text{VAR}(\text{Moran's I})}} \xrightarrow{d} N(0，1) \tag{9-9}$$

其中，E(Moran's I)表示莫兰指数的期望值；VAR(Moran's I)表示莫兰指数的方差值（项歌德等，2011；Mathur，2015；潘宇瑶，2016；陈强，2017）。

9.2.1.2　局部莫兰指数 I

通过局部莫兰指数，我们可以识别出某一地区的集中程度以及异常值。更能将一些局部区域之间空间上的相互影响表达出来。在全局范围内，如果一部分区域之间空间相关性系数为正，一部分区域之间空间相关性系数为负，那么可能全局空间相关性就为 0 或者几乎为 0，也就是说会出现正负抵消的现象，从而会得出在全局上不存在空间影响效应的结论。事实上，就某些局部区域而言，其空间影响效应是存在的，有可能还是比较显著的。只不过是局部区域之间的影响方向有所不同。基于以上原因，在进行全局自相关检验之后开展局部自相关检验也是有必要的（杨威和蔡礼彬，2020）。局部莫兰指数的意思基本与全局莫兰指数一样，它的大小在 -1~1。在 0~1 时，代表样本数据分布存在着正的空间自相关关系，即存在"高—高"和"低—低"的集聚现象。在-1~0时，代表样本数据分布存在着负的空间自相关关系，即存在着"高—低"和"低—高"的集聚现象。当其趋近于0时，则表现为随机分布的现象，此时说明局部样本数据分布无空间自相关（项歌德等，2011；Mathur，2015；潘宇瑶，2016；陈强，2017）。

局部莫兰指数的计算公式如下所示：

$$I = \dfrac{n^2}{\sum\limits_{i=1}^{n}(x_i - \bar{x})^2} \cdot \dfrac{(x_i - \bar{x})\sum\limits_{i=1}^{n}\sum\limits_{j=1}^{n}w_{ij}(x_j - \bar{x})}{\sum\limits_{i=1}^{n}\sum\limits_{j=1}^{n}w_{ij}} \tag{9-10}$$

9.2.1.3 空间权重矩阵的构建

构建一个科学、合理的空间权重矩阵，对于用空间计量模型来研究空间溢出效应至关重要。空间权重矩阵是研究空间依赖关系的重要工具，也被称为空间计量模型的重要焦点介质，也是开展空间计量经济模型分析的重要步骤。空间权重矩阵表示着样本观测期内样本单元之间在地理距离上的空间影响程度和空间依赖情况，它能够将计量经济学理论模型与现实生活中的具体经济问题联系起来的一个重要纽带。空间权重矩阵的构建是否科学合理关系着计量经济学模型能否有效解释现实中具体研究问题的关键。不同的空间权重矩阵反映研究对象不同的经济特征和社会特征，同时也会使学者对研究问题的结论和认识产生不同理解（杨威和蔡礼彬，2020）。目前学术界关于空间权重矩阵的构建主要有基于邻接关系的（0，1）矩阵，其常见的有 Rook 邻接和 Queen 邻接两种，基于反映经济发展水平的经济空间权重矩阵，基于不同区域之间的距离空间权重矩阵等（杨威和蔡礼彬，2020）。本章将采用基于邻接关系的（0，1）矩阵和基于公路行驶的地理距离权重矩阵测度棉花主产县市之间农业组织化与棉花生产技术效率之间的空间关联情况。

9.2.1.4 空间自相关结果检验

（1）棉花生产技术效率空间自相关性检验。

表9-2给出了在邻接空间权重矩阵、地理空间权重矩阵两种空间关联模式下的新疆棉花生产技术效率状况的全局莫兰指数。由表9-2中数据可以看出，在前面两种空间权重矩阵的关联关系下，样本考察期内的大部分年份中，新疆棉花生产技术效率表现出比较明显的空间分布状况，个别年份的莫兰指数的 P 值大于0.1，也就是没有通过显著性水平检验，其他年份的棉花生产技术效率状况的全局莫兰指数的 P 值均小于0.1，也就是均通过了10%的显著性水平检验。同时说明，这里的检验强烈地拒绝了新疆棉花生产技术效率状况无空间自相关性的原假设，表明新疆棉花生产技术效率状况具有空间正相关性。

表 9-2　2009~2019 年新疆棉花生产技术效率全局 MoranI 指数

年份	邻接矩阵		距离矩阵	
	莫兰指数	P 值	莫兰指数	P 值
2009	0.245	0.092	0.086	0.070
2010	0.449	0.014	0.021	0.215
2011	0.548	0.004	0.356	0.000
2012	0.853	0.000	0.527	0.000
2013	-0.049	0.488	0.023	0.204
2014	0.022	0.339	-0.043	0.436
2015	0.114	0.230	0.088	0.071
2016	0.106	0.226	0.024	0.192
2017	0.290	0.059	0.136	0.020
2018	-0.068	0.479	-0.089	0.367
2019	0.171	0.142	0.106	0.036

资料来源：笔者计算所得。

　　图 9-2 为 2009~2019 年邻接、距离矩阵下新疆棉花生产技术效率状况的全局莫兰指数变化趋势。无论在哪种权重矩阵下，新疆棉花生产技术效率状况的全局莫兰指数大体上的变化趋势为"上升—下降—上升—下降—上升"，也就是说，它们之间表现出了"强相关—变弱—强相关—变弱—强相关"关联程度的变化特征。特别是在 2013 年和 2018 年出现了最低点，这表明上述样本县市棉花生产技术效率之间的空间依赖程度出现了"强—弱—强—弱—强"的变化特征。邻接矩阵权重下，除了在 2011 年和 2013 年出现略小的负数值以外，大体上也是"高—低—高"的变化趋势。

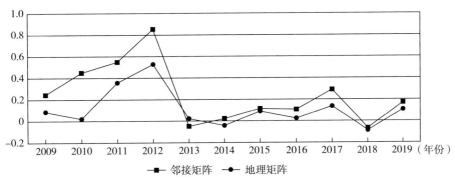

图 9-2　新疆棉花生产技术效率莫兰指数变化趋势

资料来源：笔者计算所得。

通过表 9-2 中全局莫兰指数的大小还可以看出，在邻接权重矩阵情况下，全局莫兰指数的值相对比较大，说明地理位置相近的地区更容易受到周边区域棉花生产技术效率的影响，也说明棉花生产技术效率具有很强的空间依赖程度。在距离权重下，棉花生产技术效率的空间依赖性没有那么强。

全局莫兰指数反映的是样本考察期内，样本整体上空间相关性的状况。但是，当样本整体空间莫兰指数较小的时候，也就是说整体空间依赖性不是很强的时候，局部区域的空间依赖性有可能会比较大，因此，本书对样本区域内局域自相关性进行了检验，以了解新疆棉花生产技术效率在局部区域内的相关性。与全局自相关相类似，局部空间自相关也分为四种形态，对应着莫兰散点图中的四个象限。如果莫兰散点图直线位于第一象限、第三象限，就说明出现了"高—高"和"低—低"的集聚现象，这种现象表明局部空间之间存在着正向的空间依赖性，它们之间在空间上的差异性比较小。如果莫兰散点图直线位于第二象限、第四象限，就说明出现了"高—低"和"低—高"的集聚现象，也就是说出现了局部空间的负相关，空间差异性比较大。为了更加深入地了解样本各个县市之间在局部空间上的差异性，进一步分析新疆棉花生产技术效率的集聚特征，本书通过绘制莫兰散点图来更加清晰直观地把局域自相关情况进行表达。为了更加直观地将分析结果表现出来，本书将邻接、地理矩阵关联模式下 2019 年新疆棉花生产技术效率的"莫兰散点图"绘制出来，如图 9-3 所示。

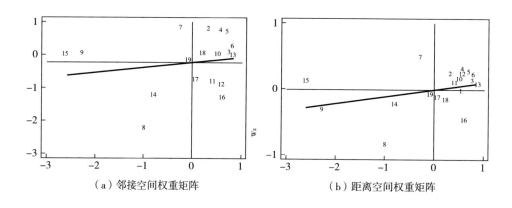

（a）邻接空间权重矩阵　　　　　（b）距离空间权重矩阵

图 9-3　两种权重矩阵下新疆棉花生产技术效率莫兰散点图

注：1. 哈密市/伊州区；2. 呼图壁县；3. 玛纳斯县；4. 博乐市；5. 精河县；6. 乌苏市；7. 沙湾县；8. 库尔勒市；9. 尉犁县；10. 温宿县；11. 库车县；12. 沙雅县；13. 阿瓦提县；14. 英吉沙县；15. 莎车县；16. 麦盖提县；17. 岳普湖县；18. 伽师县；19. 巴楚县。

资料来源：笔者计算所得。

以 2019 年为例，在莫兰散点图中，横轴表示标准化的棉花生产技术效率的值，纵轴表示棉花生产技术效率的空间滞后值。从图 9-3 中可以发现，在三种空间权重矩阵下的莫兰散点图中，Moran's I 值绘制而形成的直线主要集中在第一象限、第三象限，主要是因为大多数样本县市也集中在第一象限、第三象限内，莫兰指数值都呈现出了"高—高、低—低"的空间集聚现象，空间上并没有出现太大的差异，也即证明了新疆棉花生产技术效率具有高度的空间关联性，同时也表明，新疆棉花生产技术效率存在显著的正向空间溢出效应。具体看来，在莫兰散点图中，分布在第一象限的样本县市主要来自哈密、昌吉州和博州，在邻接权重矩阵下有 9 个县市，在地理权重矩阵下有 10 个县市；分布在第三象限的县市，大多来自南疆的阿克苏和巴州以及喀什，邻接权重矩阵下有 2 个县市，在地理权重矩阵下有 4 个县市。分布在莫兰散点图第二象限、第四象限的棉花生产县市相对比较少，其棉花生产技术效率状况呈现出"低—高"和"高—低"的空间集聚现象，空间上出现了比较大的差异，例如，沙湾县和尉犁县，麦盖提县和岳普湖县都分布在第二象限、第四象限。如表 9-3 所示。

表 9-3　2019 年新疆棉花生产技术效率聚集形态　　　　　单位：个

象限 （聚集特征）	邻接权重矩阵		地理权重矩阵	
	县市	县市数量	县市	县市数量
第一象限 （高—高）	哈密市/伊州区、呼图壁县、玛纳斯县、博乐市、精河县、乌苏市、温宿县、阿瓦提县、伽师县	9	哈密市/伊州区、呼图壁县、博乐市、精河县、乌苏市、温宿县、库车县、沙雅县、阿瓦提县、玛纳斯县	10
第二象限 （低—高）	沙湾县、尉犁县、莎车县、巴楚县	4	沙湾县、莎车县	2
第三象限 （低—低）	英吉沙县、库尔勒市	2	库尔勒市、尉犁县、英吉沙县、巴楚县	4
第四象限 （高—低）	库车县、沙雅县、麦盖提县、岳普湖县	4	麦盖提县、岳普湖县、伽师县	3

（2）农业组织化水平空间自相关性检验。

表 9-4 列出了样本县市在邻接、地理权重矩阵空间关联关系情况下新疆农业组织化状况的全局莫兰指数。从表 9-4 中测算结果可以发现，在两种空间权重矩阵的关联关系下，在 2009~2019 年样本考察期内，个别年份的莫兰指数检验值

的 P 值大于 0.1，其他年份的新疆农业组织化状况的全局莫兰指数的 P 值均小于 0.1，即均通过了 10% 的显著性水平检验。也就是说，这里的检验强烈地拒绝了新疆农业组织化状况无空间自相关性的原假设，表明新疆农业组织化状况具有空间正相关性，仅在近三年出现了减弱的现象。

表 9-4 2009~2019 年新疆农业组织化全局 Moran's I 指数

年份	邻接矩阵		距离矩阵	
	莫兰指数	P 值	莫兰指数	P 值
2009	0.805	0.000	0.250	0.000
2010	0.781	0.000	0.263	0.000
2011	0.745	0.000	0.337	0.000
2012	0.388	0.020	0.260	0.000
2013	0.431	0.016	0.242	0.001
2014	0.457	0.011	0.289	0.000
2015	0.362	0.029	0.315	0.000
2016	0.446	0.014	0.382	0.000
2017	0.199	0.132	0.185	0.006
2018	0.080	0.270	0.004	0.261
2019	0.029	0.351	0.029	0.182

资料来源：笔者计算所得。

图 9-4 是样本县市在 2009~2019 年农业组织化状况的全局 Moran's I 指数的变化趋势图。从图 9-4 中可以看到，在邻接、地理两种空间权重矩阵下，2010~2016 年新疆农业组织化状况全局 Moran's I 指数总体上较大，之后出现小范围下降变化情况。从全局莫兰指数值的大小上来看，在邻接空间权重矩阵下全局莫兰指数值相对最大，这表明临近县市的农业组织化水平具有很强的空间依赖度。距离权重矩阵下，农业组织化水平的空间依赖性没有那么强。

为了更加深入地了解样本各个县市之间在局部空间上的差异性，进一步分析新疆农业组织化水平的集聚特征，本书通过绘制莫兰散点图来更加清晰直观地把局域自相关情况进行表达。本书将地理、经济和嵌套权重矩阵关联模式下 2019 年新疆农业组织化情况的"莫兰散点图"绘制出来，如图 9-5 所示。

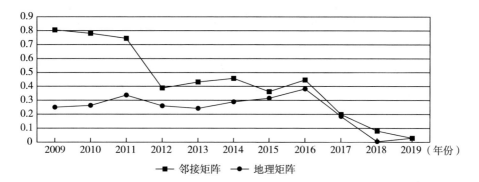

图9-4　新疆农业组织化水平在两种权重矩阵下莫兰指数变化趋势

资料来源：笔者计算所得。

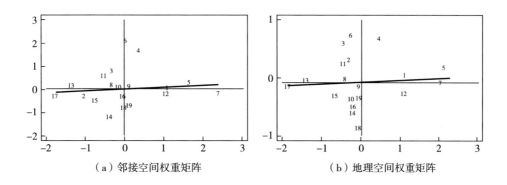

（a）邻接空间权重矩阵　　　　　　　　（b）地理空间权重矩阵

图9-5　两种权重矩阵下新疆农业组织化水平莫兰散点图

注：1. 哈密市/伊州区；2. 呼图壁县；3. 玛纳斯县；4. 博乐市；5. 精河县；6. 乌苏市；7. 沙湾县；8. 库尔勒市；9. 尉犁县；10. 温宿县；11. 库车县；12. 沙雅县；13. 阿瓦提县；14. 英吉沙县；15. 莎车县；16. 麦盖提县；17. 岳普湖县；18. 伽师县；19. 巴楚县。

资料来源：笔者计算所得。

以2019年为例，在莫兰散点图中，Moran's I 绘制而形成的直线主要集中在第一象限、第三象限，主要是因为大多数样本县市也集中在第一象限、第三象限，莫兰指数值都呈现出了"高—高"和"低—低"的空间集聚的现象，空间上并没有出现太大的差异，也即证明了新疆农业组织化水平具有高度的空间关联性。具体看来，在莫兰散点图中，分布在第一象限的样本县市主要来自哈密和博州，在邻接权重矩阵下有5个县市，在地理权重矩阵下有3个县市。分布在第三象限的县市，大多来自南疆地区的阿克苏和喀什，在邻接权重矩阵下有6个县市，在地理权重矩阵下有7个县市。分布在莫兰散点图第二象限、第四象限的县市相对较少，其农业组织化水平状况呈现出"低—高"和"高—低"的空间集聚的现象，空间上出现了比较大的差异，如塔城和巴州，如表9-5所示。

表9-5 2019年新疆农业组织化水平聚集形态 单位：个

象限 （聚集特征）	邻接权重矩阵		地理权重矩阵	
	县市	县市数量	县市	县市数量
第一象限 （高—高）	哈密市/伊州区、博乐市、精河县、乌苏市、尉犁县	5	哈密市/伊州区、博乐市、精河县	3
第二象限 （低—高）	玛纳斯县、库尔勒市、温宿县、库车县、阿瓦提县	5	呼图壁县、玛纳斯县、乌苏市、库尔勒市、库车县、阿瓦提县、岳普湖县	7
第三象限 （低—低）	呼图壁县、英吉沙县、莎车县、麦盖提县、岳普湖县、伽师县	6	尉犁县、温宿县、英吉沙县、莎车县、麦盖提县、伽师县、巴楚县	7
第四象限 （高—低）	沙湾县、沙雅县、巴楚县	3	沙湾县、沙雅县	2

9.2.2 空间特征及空间溢出效应检验

9.2.2.1 空间特征

为了进一步分析样本考察期内农业组织化对棉花生产技术效率的空间相关性及空间效应，对前文的理论假设框架进行有效检验。在进行空间面板模型选择时，两种空间权重矩阵条件下的检验结果如表9-6所示。

表9-6是在两种空间权重矩阵关联关系下使用LR检验和Wald检测来评估三个不同的空间计量模型，包括空间杜宾模型（SDM）、空间误差模型（SEM）和空间滞后模型（SAR）。通过检验发现，其显著性水平为1%，强烈拒绝了原假设。同时，也对三种模型做了Hausman检验，经过Hausman验证，本书选择了固定效应模型。鉴于以上检验结果，本书将利用空间杜宾模型（SDM），通过改变各种空间权重矩阵，来探索它们之间的相互影响及相互作用（郝春虹和刁璟璐，2019）。LeSage和Pace（2010）研究提出，如果莫兰指数不等于0，并且表现显著，那么在用空间计量模型来研究解释变量和被变量之间空间溢出效应时，就不能简单地用回归系数来研究，而应当通过直接效应、间接效应与总效应来分类别、分层次研究空间溢出效应。另外，通过空间计量经济模型检验得出的各个

·134·

参数具体的正负和大小，来分析农业组织化对新疆棉花生产技术效率的影响状况。同时，还可以用直接效应、间接效应和总效应来研究溢出效应的具体情况。其具体的计算过程以及情况分析下文中有阐述。

表 9-6　不同空间权重矩阵下空间面板模型的选择检验

基于不同空间权重矩阵检验		检验结果	
		SAR/SDM	SEM/SDM
基于邻接权重矩阵测算	LR 检验	15. 19**	15. 19**
	Wald 检验	1. 96*	1. 51*
	Hausman 检验	718. 75*	
基于距离权重矩阵测算	LR 检验	60. 12*	60. 12*
	Wald 检验	3. 59*	3. 53*
	Hausman 检验	84. 73*	

注：* 和 ** 分别表示在1%和5%的水平下显著。

资料来源：笔者计算所得。

9.2.2.2　空间相关性结果及分析

通过表 9-7 可以看出，在两种空间关联模式下，其空间相关性系 ρ 都为正数，并且通过了显著性水平检验，说明农业组织化水平与棉花生产技术效率之间存在着显著的空间关联效应。同时，在以上两种空间权重矩阵的关联关系中，农业组织化水平的空间滞后项 W_{org} 都为正，说明存在着区域空间溢出效应。

表 9-7　农业组织化对棉花生产技术效率的空间回归结果

项目	变量名称及代码	空间杜宾模型	
		距离矩阵	邻接矩阵
各变量系数值	组织化程度（org）	0. 0239 (1. 75)	0. 028*** (2. 94)
	农业全社会固定资产投资（fixed-R）	0. 0116 (0. 28)	0. 0025 (0. 07)
	第一产业就业人员比例（pri-R）	−0. 00835 (−1. 74)	−0. 008 (−2. 17)
	有效灌溉率（irr-R）	0. 00800 (0. 80)	−0. 0313 (−1. 93)

续表

项目	变量名称及代码	空间杜宾模型	
		距离矩阵	邻接矩阵
	ρ	0.403 * (6.78)	0.6785 * (12.11)
空间系数 W_x	W_{org}	0.013 *** (0.64)	0.039 ** (2.93)
	$W_{fixed-R}$	0.0378 * (−0.86)	0.026 (0.32)
	W_{pri-R}	0.00404 (0.66)	−0.037 (−2.81)
	W_{irr-R}	0.00746 (0.42)	−0.034 (−0.7)
	R^2	0.5345	0.4230
	log-Likelihood	253.35	250.5

注：* 、** 和 *** 分别表示在 1%、5% 和 10% 的水平下显著。

资料来源：笔者计算所得。

第一，核心解释变量方面，在邻接权重矩阵条件下，通过显著性水平的检验，农业组织化水平对棉花生产技术效率表现出显著的空间相关性。这一研究结论表明，农业组织化水平对棉花生产技术效率的空间影响在临近县市之间产生很强的空间正向影响。具体的溢出效应方向和大小在后文中有涉及研究。在距离权重矩阵下，农业组织化水平系数为正，但不显著，但其滞后项系数为正并且显著，说明农业组织化水平对棉花生产技术效率存在空间溢出效应。

第二，在控制变量方面，固定资产投资比例的空间滞后项 $W_{fixed-R}$ 为正，说明本县市固定资产投资比例的提高，会对临近县市棉花生产的技术效率的提升起到促进作用。原因可能是公共服务的正外部性作用。第一产业就业比例 W_{pri-R} 为负，说明第一产业就业人员的增加，会对本区域棉花生产技术效率的提升起到反向影响。而对周边地区技术效率的影响有待进一步研究。有效灌溉率的提升无论是对本县市还是临近县市棉花生产技术效率提升的影响都有待进一步探讨。LeSage 和 Pace（2010）研究表明，解释变量直接效应的显著是衡量地区内溢出效应的关键，而其系数是否显著并不是判断地区内溢出效应的直接指标；解释变量间接效应的显著是衡量空间溢出效应的关键，而其空间滞后项系数是否显著并不是判断空间溢出效应的直接指标。

9.2.2.3 空间溢出效应

LeSage 和 Pace（2010）指出，在开展空间影响效应研究时，模型中解释变量对被解释变量的影响作用，因影响的区域和受影响的对象不同而会有所不同。他们将空间影响效应进行了分解，即直接影响效应、间接影响效应以及由两者加和而形成的总影响效应。直接影响效应是指解释变量对被解释变量在本区域内部的影响，间接影响效应是指解释变量对被解释变量在本区域以外区域的影响，总影响效应就是指解释变量对被解释变量在整个样本区域的影响效应。他们在进行研究中发现，运用点估计来研究空间效应存在有不足，而这种不足可以通过偏微分方法来得以有效解决。他可以将随机变化对变量的影响得以合理的解释，在此基础上来科学合理计算解释变量对被解释变量产生的空间影响效应。

在通过构建空间计量模型，对空间影响效应研究问题进行论证检验时，特别是在有空间滞后项的模型中，回归处理之后得到的变量系数值并不能准确表征解释变量对被解释变量产生的影响，也就是说，各解释变量对棉花生产技术效率的边际影响并不能通过以上（SDM）模型进行完整的解释，鉴于此，解释变量对棉花生产技术效率的影响效应应当基于偏微分方法进行更深一步的推算。其论证推断过程为将以上 SDM 模型进行转化：

$$(I_n - \delta W)Y = \tau_n \beta_0' + \beta X + \theta W X + \varepsilon \tag{9-11}$$

令 $P(W) = (I_n - \delta W)^{-1}$，$Q_m(W) = P(W) \times (I_n \beta_m + \theta_m W)$

则上式可转化为：

$$Y = \sum_{m=1}^{k} Q_m(W) X_m + P(W) \tau_n \beta_0' + P(W) \varepsilon \tag{9-12}$$

将以上公式进行转换，变成矩阵的形式如下：

$$\begin{bmatrix} Y_1 \\ Y_2 \\ Y_3 \\ \vdots \\ Y_n \end{bmatrix} = \begin{bmatrix} Q_m(W)_{11} & Q_m(W)_{12} & \cdots & Q_m(W)_{1n} \\ Q_m(W)_{21} & Q_m(W)_{22} & \cdots & Q_m(W)_{2n} \\ \vdots & \vdots & \ddots & \vdots \\ Q_m(W)_{(n-1)1} & Q_m(W)_{(n-2)2} & & Q_m(W)_{(n-1)1} \\ Q_m(W)_{n1} & Q_m(W)_{n2} & & Q_m(W)_{nn} \end{bmatrix} \begin{bmatrix} X_{1m} \\ X_{2m} \\ \vdots \\ X_{(n-1)m} \\ X_{nm} \end{bmatrix} +$$

$$P(W)(\tau_n \beta_0' + \varepsilon) \tag{9-13}$$

在以上表达式中，m = 1，2，…，k，代表着因变量的序号。式（9-13）左边表示因变量组成的矢量矩阵。在 LeSage 和 Pace（2010）的研究中，他们提出了偏微分矩阵。在式（9-9）等式右边的第一个矩阵就是偏微分矩阵，在这里，解释变量对被解释变量的直接影响效应由矩阵对角线上的元素所表征。解释变量对被解释变量的间接影响效应（空间溢出效应）由非对角线上的元素所表征。经过式（9-13）的推理转化，我们可以将它的直接、间接以及最终的结果统一地表示出来：

$$\text{direct} = \frac{\partial Y_i}{\partial X_{int}} = Q_m(W)_{it} \quad \text{indirect} = \frac{\partial Y_i}{\partial X_{jm}} = Q_m(W)_{ij} \quad \text{total} = Q_m(W)_{it} + Q_m(W)_{ij}$$

$$(9-14)$$

农业组织化对新疆棉花生产技术效率的影响及对应的直接效应、间接效应和总效应测度如表9-8所示。

表9-8　SDM模型的直接效应、间接效应和总效应

变量及代码	空间效应的类别	权重矩阵名称	
		距离矩阵	邻接矩阵
组织化程度（org）	直接效应	0.029** (1.96)	0.0308*** (3.06)
	间接效应	0.031** (1.23)	0.0415** (2.17)
	总效应	0.06*** (1.82)	0.0723* (4.16)
农业全社会固定资产投资（fixed-R）	直接效应	0.00916 (0.25)	0.0012 (0.03)
	间接效应	−0.0461 (−1.07)	0.034 (0.39)
	总效应	−0.0369 (−0.77)	0.035 (0.47)
第一产业就业人员比例（pri-R）	直接效应	−0.00831 (−1.50)	−0.007 (−2.19)
	间接效应	0.00101 (0.11)	−0.0.04 (−2.46)
	总效应	−0.00730 (−0.55)	−0.048 (−2.68)
有效灌溉率（irr-R）	直接效应	0.0102 (1.14)	0.0311*** (2.01)
	间接效应	0.0155 (0.74)	−0.0364 (−0.69)
	总效应	0.0257 (1.15)	−0.0.005 (−0.13)

注：*、**和***分别表示在1%、5%和10%的水平下显著。

资料来源：笔者计算所得。

通过表9-8可以看出，两种权重矩阵下，农业组织化对棉花生产技术效率的空间正向溢出效应比较明显。

首先来看核心解释变量，农业组织化水平除了对本县市棉花生产技术效率有明显的促进作用外，对邻近其他县市棉花生产技术效率的提高也有促进作用。在直接效应方面，各权重矩阵下，农业组织化水平对棉花生产技术效率有提升作用。同时，农业组织化水平对棉花生产技术效率的影响效应中棉花生产技术效率的溢出效应大于对本区域的直接效应。就平均总效应而言，邻接权重矩阵下总效应的系数比较大。本县市农业组织化水平对周边县市棉花生产技术效率的提升作用比较明显，农业组织化水平每提高1%，周边县市棉花生产技术效率提高0.0415%。

在控制变量方面，农业固定资产投资比例和有效灌溉率直接效应是正向影响，间接效应和平均总效应在两种空间权重矩阵下影响方向不确定，这有待进一步研究。在第一产业就业人员比例方面，直接效应和平均总效应都为负，说明本县市第一产业就业人员的比例提升，会对本县市棉花生产技术效率的提升有负向影响。

9.3 关于模型稳健性的讨论

为了检验结果的稳定性，接下来本书将替换权重矩阵的测度方法和替换棉花生产技术效率的测度方法对模型的稳健性进行检验。

9.3.1 替换权重矩阵测度方法

空间权重反映了变量所在的空间单元的空间依赖结构，空间权重矩阵与空间计量模型的最终结果和解释力具有紧密的联系。本节将距离权重矩阵中公路距离替换为公路行驶所需的时间。在时间距离空间权重矩阵下，其空间相关性系数 ρ 检验结果的 P 值都小于 0.01，说明通过了显著性水平检验。也就是说，农业组织化对棉花生产技术效率的影响具有空间正相关关系。在时间距离权重矩阵下，其间接效应系数为 0.05，并且通过了显著性水平为 5% 的检验。

9.3.2 替换棉花生产技术效率的测度方法

前文中关于棉花生产技术效率的测算是通过构建 SFA 模型来完成的，那么接下来本书将利用超效率 DEA-BCC 模型进行测度并开展稳健性检验。本书从综合技术效率和纯技术效率两个角度来检验农业组织化对棉花生产技术效率的影响。通过其检验结果可以发现，从综合技术效率角度来看，空间计量模型检验出的空间相关性系数 ρ 为 0. 256，并且通过了显著性水平为 5% 的检验。说明农业组织化与棉花生产技术效率之间存在空间关联效应。农业组织化本地区棉花生产综合技术效率的直接效应为 0. 004，对周边棉花生产综合技术效率的空间溢出效应为 0. 004。农业组织化对棉花生产综合技术效率的总效应为 0. 008。

从棉花生产纯技术效率角度来看，农业组织化对周边棉花生产技术效率的空间溢出效应系数 ρ 在 1% 的水平下显著为 0. 237，说明农业组织化的提升能够给周边地区棉花生产纯技术效率的提升带来促进效应。农业组织化对本地区棉花生产纯技术效率的直接效应为 0. 002。对周边棉花生产纯技术效率的空间溢出效应为 0. 009，且通过了 10% 的检验。农业组织化对棉花生产纯技术效率的总效应为 0. 011，且通过了 10% 的检验。

综上所述，农业组织化对本地区棉花生产综合技术效率的促进作用，更多地通过发挥规模效益来推动，而对周边地区棉花生产综合技术效率的促进作用更多地通过技术的溢出效应来实现。

9.4 异质性分析

前文主要从整体层面实证检验了农业组织化对棉花生产技术效率的影响效果和作用情况，考虑到新疆地大物博，不同地州县市社会经济结构和区域发展战略存在差异性，农业组织化程度不同，且农业组织化和棉花生产技术效率本身复杂的空间交互性，使得在不同区域空间单元或样本结构下，农业组织化对棉花生产技术效率的影响很可能会存在异质性的差异。本书在距离权重矩阵下对南北疆农业组织化对棉花生产技术效率的影响进行异质性分析讨论。

9.4.1 南疆地区农业组织化对棉花生产技术效率的影响

在南疆地区，其空间计量模型检验出的空间相关性系数 ρ 为 0. 069。说明南疆地区农业组织化与棉花生产技术效率之间存在空间关联效应。农业组织化对棉花生产技术效率的直接影响效应系数为 0. 039，间接影响效应系数为 0. 126，总影响效应系数为 0. 165，并且其检验结果的 P 值都是小于 0. 1。说明在南疆地区，农业组织化对棉花生产技术效率的空间溢出效应比较明显，本县市农业组织化水平每提高 1%，其他县市棉花生产技术效率就提高 0. 126%。

9.4.2　北疆地区农业组织化对棉花生产技术效率的影响

在北疆地区，其空间计量模型检验出的空间相关性系数 ρ 为 0.51，说明北疆地区农业组织化与棉花生产技术效率之间存在明显的空间关联效应。农业组织化对棉花生产技术效率的直接效应系数为 0.028，间接效应系数为 0.21，总效应系数为 0.238，但是只有间接效应通过显著性水平的检验。说明在北疆地区，农业组织化对棉花生产技术效率的空间影响上有正向的溢出效应，并且其空间溢出效应比较明显。

9.4.3　南北疆地区农业组织化对棉花生产技术效率影响的差异性分析

通过以上南疆地区和北疆地区农业组织化对棉花生产技术效率的空间溢出效应的分析发现，无论在南疆地区还是在北疆地区，农业组织化对棉花生产技术效率都存在着空间溢出效应，只是在南疆地区其影响的作用更为明显。说明在南疆地区加大农业组织化程度的推进，会在提升棉花生产技术效率方面取得更快更明显的效果。

9.5　本章小结

首先，通过构建邻接、地理权重矩阵对棉花生产技术效率和农业组织化进行空间相关性的检验，也为下一步论证农业组织化对棉花生产技术效率的空间溢出效应奠定基础。通过研究发现：以上两种空间权重矩阵和分析方法下，棉花生产技术效率和农业组织化水平表现出较好的空间自相关性。

其次，本章针对农业组织化对棉花生产技术效率的空间溢出效应进行了研究。研究表明：在两种权重矩阵下，农业组织化水平对棉花生产技术效率的空间正向溢出效应比较明显。同时，农业组织化对邻近县市棉花生产技术效率的溢出效应大于对本区域的直接效应。平均总效应的系数在邻接权重矩阵下相对较大，并且通过了 5% 的显著性水平检验。农业组织化水平每提高 1%，周边县市棉花生产技术效率提高 0.0415%。

最后，通过替换权重矩阵和替换棉花生产技术效率的测度方法，对以上结果进行稳健性检验，发现农业组织化对棉花生产技术效率的空间溢出效应处于稳定状态。同时还发现，农业组织化对本地区棉花生产综合技术效率的促进作用，更多地通过发挥规模效益来推动，而对周边地区棉花生产综合技术效率的促进作用更多地通过技术应用的溢出效应来实现。另外，考虑到南北疆地区经济发展水平和自然生态环境的不同，又开展了南北疆地区的异质性分析，通过分析发现，农业组织化对棉花生产技术效率的空间溢出效应在南疆地区表现得更加明显。

第 10 章　研究结论及对策建议

在农业组织化推动棉花生产技术效率提高的大背景下，本书主要回答了以下几个问题：①农业组织化水平的提升是否能促进棉花生产技术效率的提升？如果可以，能在多大程度上产生影响？②农业组织化对棉花生产技术效率的作用机理是怎么样的？③农业组织化可能会导致相邻地区的棉花生产技术效率出现空间溢出效应，如果存在，这种空间溢出效应可能有多大？这些问题值得探索研究。本书以新疆棉花主产县市为研究对象，对以上问题进行研究，得出如下研究结论和对策建议。同时，针对本书研究的不足之处提出研究展望。

10.1　研究结论

10.1.1　棉花生产技术效率的测算及时空差异性

从新疆整体各个县市来看，过去 11 年，新疆棉花生产技术效率总体上在提高，从 2009 年的 0.856 提高到 2019 年的 0.930，年均提高 0.83%。从棉花种植的两个区域来看，北疆地区棉花生产平均技术效率为 0.90，南疆地区棉花生产平均技术效率为 0.87。

在基尼系数方面。南疆地区棉花生产技术效率存在的不均衡现象三者之中最为突出，北疆地区次之。在区域差异来源及贡献率方面，导致新疆棉花生产技术效率的总体空间差异最主要原因是区域内差异，影响相对最小的是超变密度。

在收敛性方面，新疆整体棉花生产技术效率存在 α 收敛。在传统 β 收敛方面，新疆整体、北疆地区和南疆地区棉花生产技术效率均存在绝对 β 收敛的现象，各县市棉花生产技术效率具有"追赶效应"。新疆整体、北疆地区以及南疆地区棉花生产技术效率均存在条件 β 收敛现象，说明新疆整体、北疆地区以及南疆地区棉花生产技术效率都有自己的稳态水平，并且会最终回归于这一水平。在空间 β 收敛方面，无论是空间绝对 β 收敛还是空间条件 β 收敛，新疆棉花生产技术效率都存在空间 β 收敛现象。

10.1.2 农业组织化水平的评价及时空差异性

在新疆棉花主产县市农业组织化测度结果方面，生产经营组织化水平最高的县市是呼图壁县、博乐市、精河县、沙湾县，样本期内生产经营组织化综合评分平均在 0.32 以上。哈密市/伊州区、玛纳斯县、乌苏市、库尔勒市、尉犁县、温宿县、沙雅县组织化水平较高，样本期内组织化综合评分平均在 0.2 以上。在库车县、阿瓦提县、英吉沙县、莎车县、麦盖提县、岳普湖县、伽师县和巴楚县，样本期内的组织化综合评分显著较低。从区域层面来看，北疆地区农业生产经营组织化综合评分平均为 0.315，南疆地区农业组织化综合评分平均为 0.162。

在基尼系数方面，新疆整体农业组织化水平存在的不均衡现象三者之中最为突出，南疆地区次之，北疆地区最后。在区域差异来源及贡献率方面，区域间差异是导致农业组织化水平存在显著差异的主要原因，而超变密度则是其中影响最小的因素。

在收敛性方面，新疆整体农业组织化水平存在 α 收敛；在传统 β 收敛方面，新疆整体、北疆地区和南疆地区农业组织化水平均存在绝对 β 收敛的现象，各县市农业组织化水平具有"追赶效应"。在条件 β 收敛方面，新疆整体、北疆地区以及南疆地区农业组织化水平均存在条件 β 收敛现象，说明新疆整体、北疆地区以及南疆棉花生产技术效率都有自己的稳态水平，并且会最终回归于这一水平。在空间 β 收敛方面，无论是空间绝对 β 收敛还是空间条件 β 收敛，新疆棉花主产县市农业组织化水平都存在空间 β 收敛现象。

10.1.3 农业组织化对棉花生产技术效率影响机理分析

从规模效应和技术应用两个方面开展了农业组织化对棉花生产技术效率影响路径和机理研究。在影响路径方面，通过格兰杰因果检验，厘清农业组织化、规模经营、技术应用和棉花生产技术效率之间的影响路径。通过分析研究发现，农业组织化可以推动规模经营的发展，进而推动棉花生产技术效率的提高。同时，农业组织化可以推动技术应用的发展，进而推动棉花生产技术效率的提高。在机理验证方面，首先在农业组织化的规模效应检验中，采用劳均棉花面积作为被解释变量检验了其与农业组织化之间的相关关系。研究表明，随着农业组织化的不断深入，劳均棉花面积也会相应地增加。通过采用面板固定效应模型，加入一系列控制变量后，农业组织化仍可明显推动劳均棉花面积的提高。此外，用机采棉占比来指代技术应用的效果，从而更好地反映出技术应用的普及程度。通过检验发现，农业组织化对机采棉占比呈现出正向相关关系。根据县市面板数据的检验结果发现，在考虑了农业固定资产投资、有效灌溉率等多种因素的情况下，农业组织化水平也能够显著提升机采棉占比；此外，经过研究发现，不管是单一变量还是多变量，还是加入了控制变量，劳均棉花面积和机采棉占比的增加都会显著提高棉花生产的技术效率。同时，通过交互项的实证方法对农业组织化的两个机理进行了验证。

10.1.4 农业组织化对棉花生产技术效率的直接影响分析

通过选择固定效应模型，开展农业组织化对棉花生产技术效率提升作用的检验。通过检验发现，农业组织化水平在原有水平上提高1%，就会推进棉花生产技术效率提高0.032%。通过面板自向量回归模型检验发现，长期来看，对于棉花生产技术效率的提高，其自身的贡献度是96%，农业组织化对其贡献度为4%。在稳健性检验方面，无论是棉花生产综合效率还是纯技术效率，农业组织化水平对其都有促进作用。在异质性分析方面，无论在南疆地区还是北疆地区，农业组织化水平对其棉花生产技术效率的影响作用都是正向的。

10.1.5 农业组织化对棉花生产技术效率直接影响的溢出效应分析

在邻接、地理两种空间权重矩阵和分析方法下，棉花生产技术效率和农业组织化水平也表现出较好的空间自相关性。两种权重矩阵下，农业组织化水平对棉花生产技术效率的空间正向溢出效应比较明显。同时，农业组织化对邻近县市棉花生产技术效率的溢出效应大于对本区域的直接效应。平均总效应的系数在邻接权重矩阵下相对较大，并且通过了显著性水平为5%的检验。农业组织化水平每提高1%，周边县市棉花生产技术效率提高0.0415%。通过替换权重矩阵和替换棉花生产技术效率的测度方法进行稳健性检验，发现农业组织化对棉花生产技术效率的空间溢出效应处于稳定状态。同时还发现，农业组织化对本地区棉花生产综合技术效率的促进作用，更多地通过发挥规模效益来推动，而对周边地区棉花生产综合技术效率的促进作用更多地通过技术应用的溢出效应来实现。农业组织化对棉花生产技术效率的空间溢出效应在南疆地区表现得更加明显。

10.2 对策建议

10.2.1 规范农民专业合作社的运行管理，提升农业组织化水平

农民专业合作社是在家庭联产承包责任制度的背景下产生的一种互助性组织。它是一种由生产者和供应者以平等、自愿、协商、共赢的原则组成的合作伙伴关系，旨在促进农业可持续发展。同时从服务对象角度还可以这么定义，农民专业合作社就是为其入社农户提供统一的生产前物资购买服务，生产过程的技术指导、机械作业，以及产后的销售、运输、加工等服务。

在众多农业生产经营主体中，其最具代表性和权威性的就是农民专业合作社，其组织化的水平影响着整个农业组织化的水平，也将有效推动小农户和现代农业有效衔接。因此，对农民专业合作社的规范管理，将会在很大程度上推动农业组织化水平的提升。在农民专业合作社的组织能力提升方面，提升农民专业合作社统一购买生产资料，在农业生产中调配大型机械统一播种、收获的能力。统一完善基础设施的建设，统一管理农业种植过程中对农作物的管理等。在农民专业合作社的谈判能力提升方面，提升农民专业合作社在购买生产资料以及售卖农产品的价格谈判能力。提升农民专业合作社在对接银行等金融机构的谈判能力，使小农户能够依托合作社降低风险，提升抵御风险的能力。

10.2.2 加大南疆地区组织主体数量和规模，提升农业组织化水平

通过本书第6章关于对农业组织化水平的综合评价来看。通过各项指标的权重比例可以看出组织成员规模指标权重比例最大，其次为组织参与度。因此，通过加大培育组织化主体，吸纳更多农户加入组织化主体中，是提高农业组织化的一个重要途径。通过第5章对棉花生产技术效率的测度可以看到，南疆地区的棉花生产技术效率水平相对较低，鉴于以上原因，加大南疆地区农业组织化水平，是快速提升新疆整体棉花生产技术效率的有效办法。

一是鼓励更多的农户参与到农民专业合作社中去，以土地入股等形式，或者将其土地流转托管给农民专业合作社，加大土地规模化作业的水平，提升土地产出率；二是鼓励发展规范家庭农场，在保证土地自由经营的基础上，更大程度地发挥规模效益；三是鼓励农户通过签订订单等形式与企业合作，根据企业生产标准开展农业生产，或在企业技术指导下开展农业生产，都能提高农业

生产的组织化水平。

10.2.3　加大南疆地区对技术的推广应用，提升棉花生产技术效率

农业技术推广是科学技术推动农业生产效率的一个重要途径。以往，农业技术推广旨在通过将先进的农业科学知识和实践方法引进到农村，帮助农户熟悉最新的耕作方法、栽培方式和管理模式，以及开发出更多的优质、更有效的农产品，从而大范围提升农作物的质量，同时也为当地创造更多的收益。近年来，农业技术推广的概念有所延伸，由农业技术推广演变成了农业推广，它不仅包含农业技术的函授和推广，同时还包含提升农民素质，带动农户生产发展等。最终通过农业推广来实现乡村振兴。

加大南疆地区技术推广应用应该从以下几个方面着手：一是要重视并增加对农户的培训。Sarker 等（2009）认为随着对农户培训力度的增强和数量的增多，其平衡、有效利用资源的能力会不断增强，其农业技术推广效率也随之增强；二是要加大对农业科技推广人员的培训，使其发挥好科技成果传送的纽带桥梁作用。Hayrol（2010）提出在互相交流中学习培训是提高农业科技推广人员自身能力的一种重要途径。农业技术推广人员的工作态度、对技术的了解程度以及其自身知识素质等对其农业技术推广能力都有着重要影响。

10.2.4　打破地域间的垄断，充分发挥空间溢出效应

不断完善棉花生产县市之间的协调联动机制，努力打破地域之间的限制和资源垄断的限制。农业组织化和棉花生产技术效率的空间自相关性系数都显著大于 0，这表明县域之间的生产要素流动可以极大地促进农业组织化水平的提升，也可以极大地改善棉花生产技术效率。

首先，相邻县市之间要互相交流、互相学习，促进县市之间劳动力、资本、信息、技术在农业生产领域之间的自由流动；其次，针对具备类似社会发展水平相当或环境发展相似的地区，应当深入分析它们之间的共性及差异，积极吸取其他地区的经验，推动当地棉花种植的发展；另外，要消除地区间、地区内部因资源限制而造成的障碍，促进县市之间劳动力、资金、土地、先进技术的相互流动，从而大大促进农业的组织化水平的提升，从而实现棉花生产的技术效率的不断提高。

10.2.5　丰富农业组织模式，实现多元化发展推动组织化发展

通过对文献梳理和不同学者的论证可以发现，除了组织化的生产主体之外，多元化的组织模式可以提高农业组织化水平和棉花生产技术效率。多样的社会化

服务形式同样也可以提高农业组织化水平和棉花生产技术效率。

一是丰富农业生产的组织模式，通过"农户+合作社+企业""家庭农场+企业"等模式，不断带动更多农户参与到农业的组织化生产中去，通过组织化主体的带动，让一家一户小农户生产方式的农业生产水平得到提升；二是不断丰富社会化服务组织的形式和内容，将社会化服务组织的内容渗透到农业生产的各个环节，从农业生产全产业链视角提升农业生产的组织化水平。

10.3 研究展望

本书通过查阅《新疆统计年鉴》、农业相关部门统计数据、《中国县域统计年鉴》，以及哈密、吐鲁番、昌吉州、喀什等各地州的统计年鉴，提取相关研究数据，开展农业组织化对新疆棉花生产技术效率的影响机理和空间效应的研究。但是由于笔者学术水平和计量能力的限制，本书需要进一步研究和探讨的问题还有以下几个方面。

第一，在新疆棉花生产技术效率的空间差异性研究方面。利用传统马尔科夫链和空间马尔科夫链技术，我们可以构建新疆棉花生产技术效率的非空间和空间马尔科夫转移概率矩阵，从而更好地探索不同时期棉花生产技术效率的变化趋势，有助于更准确地预测未来发展的趋势。

第二，在农业组织化水平综合评价方面。从农业全产业链的角度考虑市场化、社会化服务、合作一体化等指标，来完善农业组织化水平的评价指标体系。另外，在对评价指标的权重进行确定时，可以利用主观方法与客观方法相结合的方式来开展。主观方法可以采用层次分析法、专家打分法等，客观方法可以采用熵权法、因子分析法等。考虑了主观和客观因素的权重确定方法，使得确定的指标权重更加科学、合理。

第三，农业生产组织化对棉花生产技术效率的影响效应研究上，可以从不同棉花生产规模角度、不同农业组织化水平等方面分类展开研究，不仅可丰富研究的内容，同时也可验证异质性条件下，其影响效应如何表现。

参考文献

［1］ Aigner D. J. , Lovell, C. A. K. , Schmidt P. Formulation and Estimation of Stochastic Frontier Production Functi on Models ［J］. Jouranl of Economentrics, 1977 (6): 21-37.

［2］ Meeusen W. , Van den Broeck. Efficiency Estimation From Cobb-Douglas Production Function with Composed Error ［J］. International Economic Review, 1977 (18): 435-444.

［3］ Nishimizu M. , J. M. Page. Total Factor Productivity Growth? Technical Progress and Technical Efficiency Change: Dimensions of Productivity Change in Yugoslavia? ［J］. The Economic Journal, 1982 (92): 165-178.

［4］ Battese G. E. , T. J. Coelli. A Model for Technical Inefficiency Effects in a Stochastic Production Frontier for Panel Datd ［J］. Empirical Economics, 1995 (20): 325-332.

［5］ Kumbhakar S. C. , J. T. Guckin S. Ghosh. A Generalized Production Frontier Approach for Estimating Determinants of Ineffi Ciency in U. S. Dairy Farm ［J］. Journal of Business and Economic Statistics, 1991 (9): 279-286.

［6］ Huang Y. Potential of China's Grain Production: Evidence from the Household Data ［J］. Agricultural Economics, 1997, 17 (23): 191-199.

［7］ Tian W. , Wan G. H. Technical Efficiency and Its Determinants in China's Grain Production ［J］. Journal of Productivity Analysis, 2000, 13 (2): 159-174.

［8］ Anmad M. , Chaudhry G. M. , Iqbal. Wheat Productivity, Efficiency and Sustainability: A Stochastic Production Frontier Analysis ［M］. Pakistan: The Pakistan Development Review, 2002 (4): 643.

［9］ Chen A. Z. , Huffman W. E. , Rozelle, S. Technical Efficiency of Chinese Grain Production: A Stochastic Production Frontier Approach ［J］. American Agricultural Economics Association, Montreal, Canada, 2003 (7): 27-30.

［10］Renato V. , Euan F. Technical Inefficiency and Production Risk in Rice Farming：Evidence from Central Luzon Philippines ［J］. Asian Economic Journal，2006（1）：29-46.

［11］赵红雷，贾金荣. 基于随机前沿分析的中国玉米生产技术效率研究 ［J］. 统计与信息论坛，2011，26（6）：52-58.

［12］Zamnian G. R. , Shahbinejad V. , Yaghoubi M. Applicationf DEA and SFA on the Measurement of Agricultual Technical Efficiency in MEN Countries ［J］. International Research，2013，3（2）：43-51.

［13］周曙东，王艳，朱思柱. 中国花生种植户生产技术效率及影响因素分析——基于全国19个省份的农户微观数据［J］. 中国农村经济，2013（3）：27-36+46.

［14］苗珊珊. 我国小麦生产的技术效率和技术进步模式［J］. 华南农业大学学报（社会科学版），2014，13（3）：9-17.

［15］孙昊. 小麦生产技术效率的随机前沿分析——基于超越对数生产函数 ［J］. 农业技术经济，2014（1）：42-48.

［16］李博伟，张士云，江激宇. 种粮大户人力资本、社会资本对生产效率的影响——规模化程度差异下的视角［J］. 农业经济问题，2016（5）：22-31.

［17］杨万江，李琪. 我国农户水稻生产技术效率分析——基于11省761户调查数据［J］. 农业技术经济，2016（1）：71-81.

［18］Zhou Y. H. , Zhang X. H. , Tian X. , et al. Technical and Environmental Efficiency of hog Production in China：A Stochastic Frontier Production Function Analysis ［J］. Journal of Integrative Agriculture，2015，14（6）：1069-1080.

［19］Dulm, Hanley A. , Zhang N. Environmental Technical Efficiency, Technology Gap and Shadow Price of Coal-fueled Power Plants in China：A Parametric Meta-frontier Analysis ［J］. Resource and Energy Economics，2016（43）：14-32.

［20］田伟，李明贤，谭朵朵. 基于SFA的中国棉花生产技术效率分析 ［J］. 农业技术经济，2010（2）：69-75.

［21］祝宏辉，耿蕾. 新疆兵团棉花生产技术效率及影响因素分析［J］. 干旱区资源与环境，2015（20）：90-95.

［22］徐榕阳，马琼. 基于随机前沿生产函数的新疆棉花生产技术效率分析——以棉农问卷调查数据为例［J］. 干旱区资源与环境，2017（4）：23-27.

［23］黄璐. 新疆棉农生产技术效率及其影响因素研究［D］. 乌鲁木齐：新疆农业大学，2017.

［24］Charnes, Cooper W. W. , Rhodes E. Measuring the Effiency of Decision

MakingU－nits ［J］．European Journal of Operational Research，1978，2（6）：429-444.

［25］Nasierowski W.，Arcelus F. J. On the Efficiency of National in Novation Systems ［J］．Socio-Economic Planning Sciences，2003（37）：215-234.

［26］Cullmann A.，Schmidt-Ehmcke J.，Zloczysti P. R&D Efficiency and Barriers to Entry：A Two Stage Semi-para- metric DEA Approach ［J］．Oxford Economic Papers，2012，64（1）：176-196.

［27］Barros C. P.，Athanssiou M. Efficiencyin European Seaports with DEA：Evidence form Grecean Portugal ［M］．London：Palgrave Macmillan UK，2015.

［28］刘念，李晓云，黄玛兰．中国玉米生产要素使用效率时空分析——基于 DEA 模型的实证 ［J］．江苏农业科学，2017，45（24）：348-352.

［29］徐治欠．基于超效率和 SFA 模型的广东省政府绩效分析 ［D］．广州：暨南大学，2018.

［30］孟祥海，周海川，杜丽永，等．中国农业环境技术效率与绿色全要素生产率增长变迁 ［J］．农业经济问题，2019（6）：9-22.

［31］刘锐，杜珉，陈洁．我国棉花生产的技术进步分析 ［J］．农业技术经济，2010（11）：100-107.

［32］续竞秦，杨永恒．中国棉花生产技术效率及其影响因素分析 ［J］．技术经济与管理，2012（7）：15-19.

［33］石晶，李林．基于 DEA－Tobit 模型的中国棉花生产技术效率分析 ［J］．技术经济，2013（6）：79-84.

［34］王力，周亚娟．基于 DEA 模型的我国棉花全要素生产率分析 ［J］．江苏农业科学，2017，45（4）：258-261.

［35］Parsons M. S. Farm Machineru：A Survey of Ownership and Custom Work ［M］．Washingtion，D. C：Agriculture research Service，U. s. Dept. of Agriculture，1960.

［36］Allen，Lueck D. The Nature of the Farm ［J］．Journal of Law and Economics，1998（2）：343-386.

［37］Kimball，Miles. Farmmers Cooperatives as Behavior toward Risk ［J］．American Economic Review，1988（1）：224-229.

［38］Kym Anderson，Yujiro Hayami. The Political Economy of Agricultural Prot：Ection：East Asia in International Perspective ［M］．London：Allen & Unwin Sydney，1986.

［39］万梅．产业组织化程度对农业技术推广效率的影响分析——给予海南

芒果产业的调查〔D〕. 海口：海南大学，2016.

　　〔40〕道格拉斯·诺斯，罗伯斯·托马斯. 西方世界的兴起〔M〕. 厉切平，蔡磊译. 北京：华夏出版社，2009.

　　〔41〕温琦. 我国农业组织化研究：一个文献回顾与评析〔J〕. 新疆农垦经济，2009a（1）：79-83.

　　〔42〕李英，张越杰. 基于质量安全视角的稻米生产组织模式选择及其影响因素分析——以吉林省为例〔J〕. 中国农村经济，2013（5）：68-77.

　　〔43〕Marrero H. J., Torretta J. P., Medan D. Effect of Land use Intensification on Specialization in Plant-floral Visitor Interaction Networks in the Pampas of Argentina〔J〕. Agriculture Ecosystems & Environment，2014，188（5）：63-71.

　　〔44〕郑思宁，刘强，郑逸芳. 规模化水产养殖技术效率及其影响因素分析〔J〕. 农业工程学报，2016，32（20）：229-235.

　　〔45〕刘亚航. 生产组织模式的选择及其对农业技术效率的影响研究——以阎良甜瓜种植户为例〔D〕. 杨凌：西北农林科技大学，2021.

　　〔46〕张照新，赵海. 新型农业经营主体的困境摆脱及其体制机制创新〔J〕. 改革，2013（2）：78-87.

　　〔47〕楼栋，孔祥智. 新型农业经营主体的多维发展形式和现实观照〔J〕. 改革，2013（2）：65-77.

　　〔48〕黄祖辉. 新型农业经营主体：现状、约束与发展思路——以浙江省为例的分析〔J〕. 中国农村经济，2010（10）：16-18.

　　〔49〕林宣佐. 多指标视角下组织化农户与家庭农户的经营效率测算及分析〔J〕. 河南农业大学学报，2020（6）：535-542.

　　〔50〕石洁. 农业组织化程度对农业产业化发展影响研究——以安徽省宿松县为例〔D〕. 南京：南京林业大学，2013.

　　〔51〕Michael L. Cook. The Future of US Agricultural Cooperatives：A Neo-Institutional Approach〔J〕. American Journal of Agricultural Economics，1995（2）：1153-1159.

　　〔52〕Boehlj. Industrialization of Agriculture：What are the Implications〔M〕. Hbin：Choices First Quarter，1996（2）：30-33.

　　〔53〕吴琦. 农民组织化：内涵与衡量〔J〕. 云南行政学院学报，2012，14（3）：125-127.

　　〔54〕魏洪秀. 农民组织化的政治学思考〔J〕. 烟台大学学报（哲学社会科学版），2012（10）：106-110.

　　〔55〕王勇. 农民专业合作社面临新境况分析〔J〕. 中国农村观察，2012

（5）：41−53．

［56］张广荣，郭洪生．基于农民视角的农民组织化制约因素分析及路径选择［J］．商业时代，2013（8）：110−111．

［57］李博文．建好新型镇村助力新型城镇化［N］．农民日报，2014−05−21（003）．

［58］徐涛，赵敏娟，姚柳杨，等．农业生产经营形式选择：规模、组织与效率——以西北旱区石羊河流域农户为例［J］．农业技术经济，2016（2）：23−31．

［59］崔宝玉，王纯慧．论中国当代农民合作社制度［J］．上海经济研究，2017（2）：118−127．

［60］王海南，杜晓山，宁爱照．农民专业合作社发展与乡村振兴战略研究［J］．农村金融研究，2018（2）：20−25．

［61］章磷，田媛，冯静．不同规模农户玉米生产效率比较研究［J］，黑龙江八一农垦大学学报，2018，30（3）：93−98．

［62］周陶，范轶玲，刘悦，等．农民组织化程度综合衡量体系构建及实践——以 Y 市为例［J］．宜宾学院学报，2019，19（5）：52−61．

［63］纪咏梅．马克思恩格斯的农民理论与当代中国农民的发展趋势［J］．理论导刊，2017（11）：76−80．

［64］李敏，杨涛，陈洪宇．农民专业合作社组织化服务问题研究——来自陕西省 49 家农民专业合作社的数据［J］．世界农业，2019（3）：94−99．

［65］Dagum C. A New Approach to the Decomposition of the In come Inequality Ratio［J］．Em-prical Economics，1997，22（4）：515−531．

［66］高鸣，宋洪远．粮食生产技术效率的空间收敛及功能区差异——兼论技术扩散的空间涟漪效应［J］．管理世界，2014（7）：83−92．

［67］韦开蕾．基于 FDI 溢出效应的农业生产技术效率的地区差异［J］．社会科学家，2015（10）：60−65．

［68］郝晓燕，韩一军，李雪，等．小麦技术效率的地区差异及门槛效应——基于全国 15 个小麦主产省的面板数据［J］．农业技术经济，2016（10）：84−94．

［69］刘念，李晓云，黄玛兰．中国玉米生产要素使用效率时空分析——基于 DEA 模型的实证［J］．江苏农业科学，2017，45（24）：348−352．

［70］辛冲冲，陈志勇．中国基本公共服务供给水平分布动态、地区差异及收敛性［J］．数量经济技术经济研究，2019（8）：52−71．

［71］李航飞．基于数据包络分析的我国农业生产效率区域差异分析［J］．科技管理研究，2020，40（1）：59−66．

[72] 王萍萍，韩一军，张益. 中国农业化肥施用技术效率演变特征及影响因素 [J]. 资源科学，2020，42（9）：1764-1776.

[73] 陶长琪，徐茉. 经济高质量发展视阈下中国创新要素配置水平的测度 [J]. 数量经济技术经济研究，2021（3）：3-22.

[74] 吕江林，叶金生，张斓弘. 数字普惠金融与实体经济协同发展的地区差异及效应研究 [J]. 当代财经，2021（9）：53-65.

[75] 王晶晶，焦勇，江三良. 中国八大综合经济区技术进步方向的区域差异与动态演进：1978-2017 [J]. 数量经济技术经济研究，2021（4）：3-21.

[76] 王婧，杜广杰. 中国城市绿色创新水平的空间差异及分布动态 [J]. 中国人口科学，2021（54）：74-127.

[77] 崔蓉，李国锋. 中国互联网发展水平的地区差距及动态演进：2006-2018 [J]. 数量经济技术经济研究，2021（5）：3-19.

[78] 马玉林，马运鹏. 中国科技资源配置效率的区域差异及收敛性研究 [J]. 数量经济技术经济研究，2021（8）：83-103.

[79] 张龙耀，邢朝辉. 中国农村数字普惠金融发展的分布动态、地区差异与收敛性研究 [J]. 数量经济技术经济研究，2021（3）：23-42.

[80] 刘亦文，欧阳莹，蔡宏宇. 中国农业绿色全要素生产率测度及时空演化特征研究 [J]. 数量经济技术经济研究，2021（5）：39-56.

[81] 曹萍萍，徐晓红，李壮壮. 中国数字经济发展的区域差异及空间收敛趋势 [J]. 统计与决策，2022（3）：22-27.

[82] 陈子曦，青梅，杨玉琴. 成渝地区双城经济圈高质量发展水平测度及其时空收敛性 [J]. 经济地理，2022（4）：65-73.

[83] 张甜甜. 我国渔业全要素生产率变动及地区收敛性研究 [D]. 舟山：浙江海洋大学，2021.

[84] 刘天军，潘明远，朱玉春，等. 苹果优势区生产技术效率变化特征及收敛性 [J]. 山西财经大学学报，2012，34（4）：58-66.

[85] 马林静，王雅鹏，吴娟. 中国粮食生产技术效率的空间非均衡与收敛性分析 [J]. 农业技术经济，2015（4）：4-12.

[86] 孔祥智，张琛，周振. 设施蔬菜生产技术效率变化特征及其收敛性分析 [J]. 农村经济，2016（7）：9-15.

[87] 张婷. 中国农业技术创新效率评价及收敛性研究 [D]. 乌鲁木齐：新疆大学，2016.

[88] 李涛. 我国油菜主产区技术效率的收敛性分析（1978-2016）[D]. 武汉：华中农业大学，2018.

［89］于善波，张军涛．长江经济带省域绿色全要素生产率测算与收敛性分析［J］．改革，2021（4）：68-77.

［90］王凯，邹楠，甘畅．旅游技术效率、旅游绿色生产率收敛性及其影响因素［J］．经济地理，2022，42（6）：216-224.

［91］肖磊，鲍张蓬，田毕飞．我国服务业发展指数测度与空间收敛性分析［J］．数量经济技术经济研究，2018（11）：111-127.

［92］刘明，范博凯．西北地区经济发展的空间差异及收敛性研究［J］．长安大学学报（社会科学版），2019，21（3）：33-47.

［93］王许亮，徐寒．中国服务业绿色TFP的再测算与空间收敛性［J］．统计学报，2020（1）：1-12.

［94］吕岩威，谢雁翔，楼贤骏．中国区域绿色创新效率时空跃迁及收敛趋势研究［J］．数量经济技术经济研究，2020（5）：78-97.

［95］李颖．中部地区农业碳生产率的测定及空间收敛性研究［J］．农业与技术，2021，41（13）：129-132.

［96］郭海红，刘新民．中国农业绿色全要素生产率的时空分异及收敛性［J］．数量经济技术经济研究，2021（10）：65-84.

［97］郭红东，楼栋．影响农民专业合作社成长的因素分析［J］．中国农村经济，2009（8）：24-31.

［98］管曦，谢向英．参与农民专业合作社对农户生产效率的影响——基于福建省的实证分析［J］．福建农林大学学报（哲学社会科学版），2013（16）：6-10.

［99］黄祖辉．现代农业经营体系建构与制度创新——兼论以农民合作组织为核心的现代农业经营体系与制度构建［J］．经济与管理评论，2013（6）：5-16.

［100］潘友仙，万梅，韦开蕾．产业组织化程度对农业技术推广效率的影响分析［J］．农业技术经济，2016（8）：25-33.

［101］吴比，刘俊杰，徐雪高，张振．农户组织化对农民技术采用的影响研究——基于11省1022个农户调查数据的实证分析［J］．农业技术经济，2016（8）：25-33.

［102］黄祖辉，朋文欢．农民合作社的生产技术效率评析及其相关讨论——来自安徽砀山5镇（乡）果农的证据［J］．农业技术经济，2016（8）：4-14.

［103］王太祥，周应恒．"合作社+农户"模式真的能提高农户的生产技术效率吗——来自河北、新疆两省区387户梨农的证据［J］．石河子大学学报，2012（2）：73-77.

[104] 张晓山. 农民专业合作社规范化发展及其路径 [J]. 湖南农业大学学报（社会科学版），2013（8）：1-4.

[105] Abate G. T., Francesconi G. N., Getnet K. Impact of Agricultural Cooperatives on Smallholders' Technical Efficiency: Empirical Evidence from Ethiopia [J]. Annals of Public and Cooperative Economics, 2014（2）：257-286.

[106] 张琛，彭超，钟真，孔祥智. 农户加入农民合作社对粮食生产率的影响：一个农户模型及实证分析 [J]. 中国合作经济评论，2017（2）：203-224.

[107] 张德元，宫天辰. "家庭农场"与"合作社"耦合中的粮食生产技术效率 [J]. 华南农业大学学报，2018（4）：64-74.

[108] Ying Dong, Yueying Mu, David Abler. Do Farmer Professional Cooperatives Improve Technical Efficiency and Income? Evidence fromSmall Vegetable Farms in China [J]. Journal of Agricultural and Applied Economics, 2019（2）：1-15.

[109] 郭熙保，吴方. 参加合作社能提高家庭农场生产技术效率吗 [J]. 社会科学战线，2022（1）：66-79.

[110] 黎莉莉. 农民合作社效率测度：重庆案例 [J]. 农村经济，2017（11）：114-120.

[111] 江元，田军华. 谁是更有效率的农业生产经营组织：家庭农场还是农民专业合作社 [J]. 现代财经（天津财经大学学报），2018，38（6）：20-30.

[112] 陈超，陈亭，翟干干. 不同生产组织模式下农户技术效率研究——基于江苏省桃农的调研数据 [J]. 华中农业大学学报（社会科学版），2018（1）：31-37.

[113] 李霖，王军，郭红东. 产业组织模式对农户生产技术效率的影响——以河北省、浙江省蔬菜种植户为例 [J]. 农业技术经济，2019（7）：40-50.

[114] 刘森挥，曹建民，张越杰. 农户组织模式与其技术效率的关系——一个考虑样本异质性的分析 [J]. 农业技术经济，2019（12）：68-79.

[115] Scherer, F. M. Inter industry Technology Flows and Productivity Growth [J]. The Review of Economics and Statistics, 1982（4）：627-634.

[116] Ying L. G. Measuring the Spillover Eggects: Some Chinese Evidence [J]. Papers in Regional Science, 2000（1）：75-89.

[117] Kaivan Munshi. Social Learning in a Heterogeneous Population: Technology Diffusion in the Indian Green Revolu-tion [J]. Journal of Development Economics, 2004（1）：185-213.

[118] LeSage J. P., Pace R. K. Introduction to Spatial Econometrics（Statistics, Textbooks and Monographs）[M]. New York: CRCPress, 2010.

［119］潘文卿. 中国的区域关联与经济增长的空间溢出效应［J］. 经济研究，2012，47（1）：54-65.

［120］王元地，潘雄锋，杨越. 中国地方政府科技投入效率的空间外溢效应研究［J］. 中国人口·资源与环境，2013，23（12）：125-130.

［121］Watson P., Deller S. Economic Diversity, Unemployment and the Great Recession［J］. The Quarterly Review of Economics and Finance，2017（64）：1-11.

［122］马剑锋，佟金萍，王慧敏，等. 长江经济带农业用水全局技术效率的空间效应研究［J］. 长江流域资源与环境，2018（12）：2758-2765.

［123］刘蒙罢，文高辉，胡贤辉. 鄂东南农户水稻生产技术效率空间格局及影响因素研究［J］. 科技管理研究，2019（20）：77-84.

［124］蔡海亚，徐盈之，赵永亮. 产业协同集聚的空间关联及溢出效应［J］. 统计与决策，2021（10）：111-115.

［125］陈瑶，陈湘满. 房价、房价收入比对中国城镇化的影响与空间效应实证分析［J］. 经济地理，2021，41（4）：57-65.

［126］卢瑜，向平安，余亮. 中国有机农业的集聚与空间依赖性［J］. 中国生态农业学报（中英文），2021，29（3）：440-452.

［127］王文利. 消费水平、技术创新对流通产业发展的空间效应及区域异质性——基于新发展格局视角［J］. 商业经济研究，2022（3）：180-183.

［128］吴昊，李萌. 中国经济增长与就业关系的空间差异性研究［J］. 经济纵横，2022（4）：49-59.

［129］徐清华，张广胜. 农业机械化对农业碳排放强度影响的空间溢出效应——基于282个城市面板数据的实证［J］. 中国人口·资源与环境，2022（4）：23-33.

［130］陈昭，陈钊泳，谭伟杰. 数字经济促进经济高质量发展的机制分析及其效应［J］. 广东财经大学学报，2022（3）：4-20.

［131］戴一鑫，吕有金，卢泓宇. 长江经济带服务业集聚对新型城镇化的影响研究——空间溢出效应的视角［J］. 长江流域资源与环境，2022，31（7）：1413-1425.

［132］林润田，李碧珍. 中国工业创新效率的测度与空间溢出效应分析［J］. 统计与决策，2022（7）：97-101.

［133］赵秋阳. 农业生产组织变革下的土地流转模式研究——以山西省L县为例［D］. 太原：山西大学，2016.

［134］温琦. 我国农业生产经营组织化：理论基础与实践方略［D］. 成

都：西南财经大学，2009b.

[135] 王颜齐，史修艺．市场化介入对组织化小农户经营效率的影响——基于黑龙江省大豆合作社的面板数据［J］．农林经济管理学报，2020，19（3）：314-323.

[136] 董晓辉．技术效率对区域产业竞争力提升的促进机理研究［D］．大连：大连理工大学，2011.

[137] 韩园园．河南省农业技术扩散动力及渠道运行对农户生产效率的影响研究——基于许昌县小麦种植区调查数据［D］．南京：南京农业大学，2014.

[138] Farrell M. J. The Measurement of Production Efficiency［J］. Journal of Royal Statistical Society，1957，120（3）：392-415.

[139] Leibenstein H. Allovative Efficiency vs. X-efficiency［J］. The American Economic Review，1966，56（3）：392-415.

[140] 张鹏．市场深化下农村金融演进助推经济增长的作用机理——理论逻辑及验证［D］．西安：西北大学，2015.

[141] 毛世平．技术效率理论及其测度方法［J］．农业技术经济，1998（3）：37-41.

[142] Afriat S. N. Efficiency Estimation of Production Functions［J］. International Economics Review，1972（5）：68-98.

[143] Richmond J. Estimating the Efficiency of Production［J］. International Economics Review，1974（6）：98-100.

[144] Aigner D. J.，Chu S. F. On Estimating the Industry Production Function American Economics Review［J］. Open Journal of Social Sciences，2019（25）：826-893.

[145] 张丽鑫．北京鲜食甘薯生产的技术效率分析［D］．北京：北京农学院，2019.

[146] 黄林．贵州省产业结构变迁与经济增长关系研究——基于要素禀赋理论视角［D］．贵州：贵州财经大学，2016.

[147] Griliches Z. Hybrid corn：An Exploration in the Economics of Technological Change［J］. Econometrica，1957（25）：22-501.

[148] Bass F. M. A New Product Growth Model for Consumer Durable［J］. Management Science，1969（15）：215-227.

[149] 李想．粮食主产区农户技术采用及其效应研究——以安徽省水稻可持续生产技术为例［D］．北京：中国农业大学，2014.

[150] Feder G.，OMara，Gerald T. Farm Size and the Adoption of Green Revo-

lution Technology. Economic Development and Cultural Change，1981（30）：59-76.

［151］Cochrane W. Farm Prices：Myth and Reality［M］.Minneapolis：University of Minnesota Press，1958.

［152］Warner，K. E. The Need for Some Innovative Concepts of Innovation：An Examination of Research on the Diffusion of Innovations［J］.Policy Sciences，1974（5）：433-451.

［153］Rogers. Diffusion of Innovations. ［M］New York：Free Press of Glencoe，1962.

［154］陈令民.家庭经营：不可替代的农业生产组织形式［J］.安徽电子信息职业技术学院学报，2003（5）：50-53.

［155］Coase Ronald. The Problem of Social Cost［J］.Journal of Law and Economics，1960（3）：1-5.

［156］朱颖.我国粮食生产组织形式创新研究——基于种良专业合作社的视角［D］.成都：西南财经大学，2012.

［157］Tobler W. A Computer Movie Simulating urban Growth in the Detroit Region［J］.Economic Geography，1970，46（2）：234-240.

［158］戴晓郿.农业规模化经营现存问题的实证分析和对策研究［J］.河南工业大学学报，2008（3）：23-39.

［159］张志红，吴少龙.农业的家庭经营与规模［J］.甘肃行政学院学报，2001（2）：10-12.

［160］伍业兵.农业适度规模经营的两条道路及其选择［J］.农业经济，2007（11）：15-19.

［161］孔祥智，穆娜娜.实现小农户与现代农业发展的有机链接［J］.农村经济，2018（2）：1-7.

［162］何宇鹏，武舜臣.连接就是赋能：小农户与现代农业衔接的实践与思考［J］.中国农村经济，2019（6）：28-36.

［163］崔晓倩.我国农地规模化经营的组织模式研究［J］.农业经济，2020（5）：9-11.

［164］保罗·萨缪尔森.萨缪尔森辞典［M］.北京：京华出版社，2001.

［165］Anselin L. Spatial Econometrica：Methods and Models［M］.Berlin：Springer Science & Business Media，1988.

［166］杨晓琰.信息基础设施对经济增长的空间溢出效应及影响机制研究［D］.北京：中国社会科学院研究生院，2022.

［167］杨福成.新疆农地流转的溢出效应研究——基于要素、规模和收入的

视角［D］．乌鲁木齐：新疆农业大学，2022.

［168］焦英俊．中国高技术产业技术效率研究［D］．大连：大连理工大学，2008.

［169］Färe R.，Knox Lovell C. A. Measuring the Technical Efficiency of Production［J］．Journal of Economic Theory，1978（19）：150-162.

［170］董莹．土地流转、服务外包对小农户全要素生产率的影响——来自粮食主产区数据的实证检验［J］．资源科学，2022，44（11）：2193-2206

［171］刘虹利．产业集聚对中国新能源产业技术效率的影响研究［D］．北京：中国地质大学，2022.

［172］张永强，田媛．社会化服务模式对农户技术效率的影响［J］．农业技术经济，2021（6）：84-100.

［173］闫迪．现代通讯技术使用对农户生产效率影响研究——以蔬菜种植户为例［D］．杨凌：西北农林科技大学，2021.

［174］张各兴．中国电力工业技术效率与全要素生产率研究［D］．上海：复旦大学，2011.

［175］林宣佐，史修艺，李金鸿，等．多指标视角下组织化农户与家庭农户的经营效率测算及分析［J］．河南农业大学学报，2020（3）：534-542.

［176］高思涵，吴海涛．典型家庭农场组织化程度对生产效率的影响分析［J］．农业经济问题，2021（3）：88-98.

［177］徐勤航，诸培新，曲福田．小农户组织化获取农业生产性服务：演进逻辑与技术效率变化［J］．农村经济，2022（2）：107-117.

［178］张建忠．提高农民组织化程度是我国农业实现新突破的现实选择［J］．现代农业．2012（5）：140-146.

［179］高大伟．国际贸易技术溢出对中国能源效率的影响研究［D］．南京：南京航空航天大学，2010.

［180］刘超，王雅静，陈其兰，等．中国玉米生产技术效率的测度及其影响因素研究［J］．世界农业，2018（8）：139-145.

［181］吴园．中国柑橘种植业技术效率评估及影响因素分析［J］．中国农业资源与区划，2018（9）：95-102.

［182］赵鑫，任金政，李书奎，等．农机作业服务能提升小麦生产技术效率吗？——基于2007-2017年省级面板数据的实证分析［J］．中国农业大学学报，2020，25（11）：150-161.

［183］许佳彬，王洋．农业生产性服务对玉米生产技术效率的影响研究——基于微观数据的实证分析［J］．中国农业资源与区划，2021（7）：28-36.

［184］闫晗，乔均，邱玉琢．生产性服务业发展能促进粮食生产综合技术效率提升吗？——基于2008-2019年中国省级面板数据的实证分析［J］．南京社会科学，2022（2）：19-29.

［185］阮华．土地流转对粮食绿色生产技术效率的影响——基于流入户视角［D］．南昌：江西财经大学，2021.

［186］刘华军，杜广杰．中国经济发展的地区差距与随机收敛检验——基于2000-2013年DMSP/OLS夜间灯光数据［J］．数量经济技术经济研究，2017（10）：43-59.

［187］杨骞，秦文晋．中国产业结构优化升级的空间非均衡及收敛性研究［J］．数量经济技术经济研究，2018（11）：58-77.

［188］苏屹，冯筱伟，苏帅，等．新能源企业技术创新效率及收敛性研究［J］．科技进步与对策，2021（5）：1-10.

［189］于善波，张军涛．长江经济带省域绿色全要素生产率测算与收敛性分析［J］．改革，2021（4）：68-77.

［190］巫景飞，汪晓月．基于最新统计分类标准的数字经济发展水平测度［J］．统计与决策，2022（3）：16-21.

［191］曾建丽，赵玉帛，李淑琪．京津冀城市群新型城镇化水平时空格局演变及驱动因素研究［J］．生态经济，2021（10）：100-107.

［192］杨丽，孙之淳．基于熵值法的西部新型城镇化发展水平测评［J］．经济问题，2015（3）：115-119.

［193］杜尔功．高新区科技创新影响区域经济增长的机理分析及实证研究［D］．上海：上海社会科学院，2019.

［194］周京奎，王贵东，黄征学．生产率进步影响农村人力资本积累吗？——基于微观数据的研究［J］．经济研究，2019（1）：100-115.

［195］杨继东，罗路宝．产业政策、地区竞争与资源空间配置扭曲［J］．中国工业经济，2018（12）：5-22.

［196］王德振．西北五省区营商环境、农业对外开放与农业高质量发展时空关系研究［D］．乌鲁木齐：新疆农业大学，2022.

［197］金阳，满桐彤．农业技术进步、农村人力资本投资与农业发展的关系研究［J］．农业经济与管理，2022（6）：38-45.

［198］叶娟惠，叶阿忠．环境规制、绿色技术创新与经济高质量发展［J］．重庆理工大学学报，2022（36）：28-40.

［199］张欢．环境规制对城市经济高质量发展的影响及作用机制研究［D］．长沙：湖南大学，2021.

［200］Andersen P. , Petersen N. C. A Procedure for Ranking Efficient Unit in Data Envelopment Analysis ［J］. Management Science, 1993（10）: 1261-1264.

［201］Banker R. D. Estimating Most Productive Scale Size Using Date Envelopment Analysis ［J］. European Journal of Operational Research, 1984（17）: 35-44.

［202］郭冉冉，孔祥璇，王立平. 新闻类网站信息传播效率: 基于 BCC 模型与超效率模型的实证研究 ［J］. 时代金融, 2017, 667（7）: 183-185.

［203］Anselin, Luc and Anil K. Bera. Spatial Depen-dence in Linear Regression Models with an Introduction to Spatial Econometrics ［J］. Statistics Textbooks and Monographs, 1998, 15（5）: 237-290.

［204］Scott G. J. , Petsako A. , Suarez. Not by Bread Alone: Estimating Potato Demand in India in 2030 ［J］. Potato Research, 2019, 62（3）: 281-304.

［205］王守坤. 空间计量模型中权重矩阵的类型与选择 ［J］. 经济数学, 2013, 30（3）: 57-63.

［206］傅鹏，张鹏，周颖. 多维贫困的空间集聚与金融减贫的空间溢出——来自中国的经验证据 ［J］. 财经研究, 2018, 44（2）: 115-126.

［207］陈强. 高级计量经济学及 Stata 应用（第二版）［M］. 北京: 高等教育出版社, 2017.

［208］项歌德，朱平芳，张征宇，等. 经济结构、R&D 投入及构成与 R&D 空间溢出效应 ［J］. 科学学研究, 2011, 29（2）: 206-214.

［209］潘宇瑶. 自主创新对产业结构高级化的驱动作用研究 ［D］. 长春: 吉林大学, 2016.

［210］Manish Mathur. Spatial Autocorrelation Analysis in Plant Population ［J］. An Overview. Journal of Applied and Natural Science, 2015, 7（1）: 501-513.

［211］杨威，蔡礼彬. 基于空间杜宾模型的旅游业发展与经济增长关系研究——以沿海省份面板数据为例 ［J］. 生态经济, 2020（11）: 125-131.

［212］郝春虹，刁璟璐. 税收努力度、公共支出规模与全要素生产率增长研究——基于内蒙古自治区 101 个旗县区的空间计量测度 ［J］. 经济经纬, 2019, 36（1）: 163-170.

［213］Sarker, Md. , Asaduzzaman, Y. Itohard. Impact of Organic Farming on Household Income of the Smallholders: A Case Study from Bangladesh ［J］. Research on agriculture and forestry, 2009（45）: 237-242.

［214］Hayrol Azril Mohamed Shaffril. Agriculture Project as an Economic Development Tool to Boost Socio-economic Level of the Poor Community: The Case of Agropolitan Project in Malaysia ［J］. International Scholars Journals, 2010（11）: 2354-2323.